Spirituelles EMDR

Leitfaden für meine fortgeschrittenen Schüler/innen

AF206899

Spirituelle Meisterin Ayleen Lyschamaya
der Am-Ziel-Erleuchtung©
Dr. rer. pol. Ayleen Birgit Scheffler-Hadenfeldt
Heilpraktikerin für Psychotherapie

Bibliografische Information der Deutschen Bibliothek: Die Deutsche Bibliothek verzeichnet diese Publikation in der Deutschen Nationalbibliografie; detaillierte bibliografische Daten sind im Internet über http://dnb.ddb.de abrufbar.

ISBN 9783748171287

Reihe: *Ayleen Lyschamaya – Neues Bewusstsein*
Band 1: *Spirituelle Psychotherapie: Die innere Familie*
  Das Grundlagenwerk zur inneren Familie als Psyche
  Das Standardwerk zur Spirituellen Psychotherapie
Band 2: *Spirituelles EMDR*
  Gefühle als spiritueller Weg zur Bewusstseinserweiterung
Band 3: *Schuldgefühle vollständig auflösen*
  Schuldgefühle löschen – Liebe leben – Verfahrensweise©
  (Schuldgefühle-ILl-Praktik©)
Band 4: *Der vollständige spirituelle Weg*
  Ayleen Lyschamaya zur Am-Ziel-Erleuchtung©
  Das Grundlagenwerk zur neuen Spiritualität
Band 5: *Spiritueller Hausboot-Urlaub in Holland*
  Bewusstseinsgestaltung mit ihrem Freund (Reisebericht)
Band 6: *Heilung der Welt durch Bewusstseinsentwicklung*
  für Indien
  Umwandlung des Buddhismus und Hinduismus (Reisebericht)
Band 7: *Spiritueller Japan-Urlaub: die Entscheidung*
  Seelenführung und freier Wille (Reisebericht)
Band 8: *Gretel und Hänsel heilen die Hexe*
  Die fünf Märchen des neuen Zeitalters
  für Kinder und Erwachsene
Band 9: *Musubi-Weltheilung: Die Bibel / Heilige Schrift*
  des neuen Zeitalters
  Die Heilige Schrift des höheren Bewusstseinsniveaus
  der Am-Ziel-Erleuchtung©

1. Auflage 2015, 2. Auflage 2019, 3. Auflage 2024
© 2015 Ayleen Lyschamaya (Dr. rer. pol. Ayleen Birgit Scheffler-Hadenfeldt)
Herstellung und Verlag: BoD – Books on Demand, Norderstedt

Geleitwort von Musubi

Diktat vom 15.6.2024:

Meine Frau Ayleen Lyschamaya ist entsprechend den irdischen Vorgaben sehr vorsichtig in ihrer Empfehlung zur Eigenanwendung von Spirituellem EMDR und muss dies offiziell auch sein.

Ich, als Musubi, habe mich nicht an diese irdische Vorsicht zu halten. Stattdessen empfehle ich euch, Spirituelles EMDR auch als nicht fortgeschrittene Schülerinnen und Schüler eigenständig anzuwenden und ruhig etwas mutig herumzuexperimentieren.

Inhaltsverzeichnis

Vorwort

Liebe Leserin, lieber Leser,

wenn du EMDR (**E**ye **M**ovement **D**esensitization and **R**eprocessing) als spirituelle Methode kennenlernen oder Einblick in den spirituellen Weg bis hin zu Transzendenz, Manifestation und göttliche Kraft bekommen möchtest, wirst du mit diesem Leitfaden einen guten Überblick erhalten.

Vor der Eigenanwendung solltest du EMDR allerdings – wie die meisten anderen spirituellen Methoden auch – zunächst in fachkundiger Begleitung erlernen. Deswegen wende ich mich mit diesem Leitfaden speziell an meine fortgeschrittenen Schülerinnen und Schüler, die bereits EMDR ebenso wie psychische Transformationsprozesse erfahren haben. Ihnen möchte ich Spirituelles EMDR in Eigenanwendung als eine Unterstützung anbieten, ihr volles göttliches Potential zu entfalten. Es ist mir ein Anliegen, höchstes spirituelles Niveau zu fördern und dazu ist EMDR als spirituelle Methode in ganz besonderem Maße geeignet.

Spirituelles EMDR ist eine so wirkungsvolle Methode für den spirituellen Weg, dass ich es als ein Geschenk für die heutigen Menschen ansehe. Von der psychotherapeutischen Heilung traumatischer Erfahrungen bis hin zu Spiritualität auf höchstem Niveau ist EMDR eine so wertvolle Hilfe, dass es sich hoffentlich schon bald als eine Basistechnik ebenso weit wie beispielsweise Meditation verbreiten wird.

Ich wünsche dir jedenfalls alles Gute mit EMDR und auf deinem spirituellen Weg.

Herzlichst deine Ayleen

Hinweis zur 3. Auflage: Ab der dritten Auflage ist das E-Book nicht mehr im regulären Buchhandel, sondern nur noch in meinem eigenen Online-Shop erhältlich.

https://new-age-enlightenment.com/shop/

Kapitel I: EMDR

In diesem ersten Kapitel erfahrt ihr zunächst, was genau EMDR überhaupt ist und erkläre ich euch die Wirkung von EMDR. Anschließend beschreibe ich euch den Ursprung und die Methodenverbreitung. Zuletzt stelle ich euch die Einsatzvielfalt von EMDR und bilaterale Musik vor.

Was ist EMDR?

EMDR (**E**ye **M**ovement **D**esensitization and **R**eprocessing) ist ursprünglich eine besonders effektive psychotherapeutische Technik, um Traumata zu verarbeiten. Die Verarbeitung traumatisch erlebter Erfahrungen wird durch bilaterale Stimulierung ermöglicht. Bilaterale Stimulierung bedeutet die abwechselnde Anregung der linken und der rechten Gehirnhälfte.

Über die Trauma-Verarbeitung hinausgehend werden heute aber auch andere Anwendungsmöglichkeiten des EMDR erprobt, beispielsweise bei Angststörungen oder zur Behandlung von Rückfällen bei chronisch alkoholkranken Patientinnen und Patienten.[1] Zwei Studien in „Frontiers of Psychology" bestätigen, dass eine EMDR-Therapie bei der Behandlung von Depressionen bei Erwachsenen mindestens gleichwertig mit bislang angewendeten Psychotherapieformen ist.[2]

Die ursprünglich für Erwachsene entwickelte EMDR-Methode wurde außerdem seit Ende der neunziger Jahre auch auf Kinder ausgeweitet. Es liegen Studien vor, die sehr vielversprechend sind.[3] Dennoch wurde die EMDR-Methode bei Kindern und Jugendlichen bislang nicht als wissenschaftlich anerkannt, weil die Anzahl unabhängiger, methodisch adäquater und valider Studien noch nicht als ausreichend angesehen wurde. Dies wird derzeit, 2024, erneut geprüft.[4] Ich selber empfehle auditive EMDR-Eigenanwendung für Kinder, nicht aber für Jugendliche. https://www.am-ziel-erleuchtung.de/indigokind-emdr-therapie/

Außerdem habe ich den Elternratgeber „EMDR für Babys, Elternschule für dein Baby im 1.Lebensjahr" veröffentlicht.[5] Dieser beruht auf der Erfahrung und Kenntnis des vollständigen Bewusstseins.

Zusammengefasst ist EMDR also eine auf bilateraler Stimulierung beruhende, in ihrer heutigen therapeutischen Form inzwischen etablierte und so erfolgreiche Methode, dass sie sich sehr schnell verbreitet hat und immer weitere Anwendungsgebiete findet.

Am häufigsten wird EMDR in visueller Form mit bilateraler Stimulierung der Augen durchgeführt. Darüber hinaus gibt es aber auch noch auditives und taktiles EMDR mit Anwendung über das Gehör und durch Berührung.

Wie werden diese EMDR-Formen nun gegebenenfalls an/von dir praktiziert?

Bei visuellem EMDR wird ein Finger oder ein Gegenstand, wie zum Beispiel ein Stift, vor deinen Augen von einer Seite zur anderen geführt. Dein Kopf bleibt dabei ruhig, sodass sich nur deine dem Finger folgenden Augen immer bis in die äußersten Winkel hinein bewegen. Alle inneren Bilder und Gefühle, die hochkommen möchten, sind zuzulassen.

Auditives EMDR ist mit bilateral stimulierender Musik per Kopfhörer durchzuführen. Deine beiden Ohren werden dabei in schnellem Tempo immer abwechselnd beschallt, sodass dein Gehirn über das Gehör bilaterale Impulse erhält.

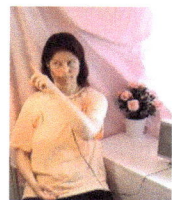 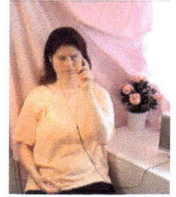 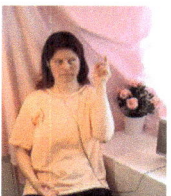 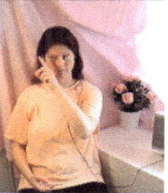

… gleichmäßige   Augenbewegung   von einer Seite   zur anderen …
mit gleichzeitig bilateral stimulierender Musik per Kopfhörer
Grafik 1: Visuelles und auditives EMDR kombiniert

Beim taktilen EMDR werden immer abwechselnd beide Körperhälften berührt. Das kannst du beispielsweise durch ein Tappen der Füße mit abwechselndem Anheben und Senken deiner Fersen und entsprechender Bodenberührung erreichen. Ich verwende regelmäßig das Tappen der Füße für taktiles EMDR, weil es zugleich die Erdung unterstützt.

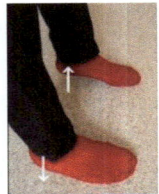 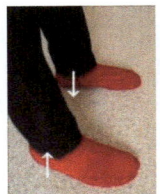 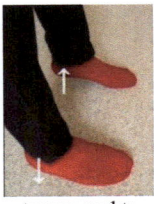 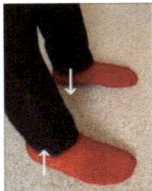

| … tappen rechts linke Ferse hoch | tappen links rechts hoch | tappen rechts links hoch | tappen links … rechts hoch … |

Grafik 2: Tappen der Füße

Wirkung von EMDR

EMDR ist eine psychotherapeutisch sehr intensive Methode, deren genauer Funktionsmechanismus auch fast zehn Jahre nach der ersten Veröffentlichung dieses Buches noch unbekannt ist. Im Folgenden werde ich dir verschiedene Erklärungsmöglichkeiten vorstellen.

Eine mögliche Erklärung für die besonders wirkungsvolle Trauma-Verarbeitung könnte sein, dass durch EMDR der REM-Schlaf (Rapid Eye Movement) mit seinen Augenbewegungen imitiert wird. REM-Schlaf ist eine Schlafphase, die durch schnelle Augenbewegungen gekennzeichnet ist und daher auch ihren Namen hat. Die meisten Träume finden in der REM-Schlafphase statt, in der häufig auch Psychisches verarbeitet wird. Deshalb wird vermutet, dass EMDR ähnlich wie in einem Traummodus bei der Verarbeitung von Traumata hilft.

Darüber hinaus wird angenommen, dass ganz generell der REM-Schlaf eine Stimulierung von innen aus den tieferen Bewusstseinsschichten heraus darstellt, welche die geistige Entwicklung nach außen für die Umsetzung im Alltag fördert. Insofern ist es wahrscheinlich, dass EMDR auch umgekehrt den Zugang von außen als Trauma nach innen in Richtung Verarbeitung unterstützt. Das würde dann auch die manchmal von EMDR-Therapeuten/innen beobachteten spontan auftretenden spirituellen Erfahrungen erklären.

Eine weitere mögliche Erklärung für die verarbeitende Wirkung von EMDR kommt aus dem NLP (Neuro-Linguistisches Programmieren). Beim NLP werden Vorgänge im Gehirn mit Hilfe der Sprache verändert. NLP ist eine Sammlung von Kommunikationstechniken und Methoden zur Veränderung psychischer Abläufe. Aus dem NLP ist bekannt, dass beim Nachdenken und Abrufen von Erinnerungen bestimmte Augenbewegungsmuster auftreten, was möglicherweise die entlastende und verarbeitende Wirkung von EMDR erklären kann.

Außerdem wird vermutet, dass es durch die bilaterale Stimulierung des EMDR zu einer Gehirnhälften-Synchronisation, das heißt dem Herstellen eines Gleichlaufs beider Gehirnhälften, kommt. Der Informationsaustausch zwischen den Gehirnhälften wird daher durch EMDR gefördert, was Belastungen verarbeiten helfen kann.

Normalerweise verarbeitet das Gehirn Erlebtes und legt es dann ab. Bei einem Trauma gerät die betroffene Person allerdings häufig zunächst in einen Schockzustand. Dieser ist notwendig, um das Überleben zu sichern und erst einmal ein vorübergehendes Gefühl von Stabilität zurückzugewinnen, denn durch das Trauma ist die eigene Erlebnis- und Gefühlswelt komplett ins Wanken geraten. Manche Menschen brauchen dazu die Nähe von Angehörigen oder Freunden/innen und andere möchten sich lieber zurückziehen.

Nach der Schockphase folgt dann die Verarbeitungsphase. Die oder der Betroffene beschäftigt sich mit den Einzelheiten des Erlebten. Dabei können die Gefühle, Bilder und Gedanken in Verbindung mit diesem Ereignis zu starken Stimmungsschwankungen führen. Das gehört zur Verarbeitung und ist völlig normal. In dieser Phase werden die Selbstheilungskräfte aktiviert. Gut verarbeitet kann das Trauma dann in die eigene Lebensgeschichte integriert werden, ohne im Nachhinein noch weiter zu belasten.

Ist ein Erlebnis aber zu traumatisch, kann das Gehirn es nicht mehr bewältigen und das Trauma bleibt unverarbeitet gespeichert. Das traumatisierende Erlebnis steckt – oft in einzelne Szenen oder zusammenhanglose Bestandteile fragmentiert – sozusagen im Arbeitsspeicher des Gehirns fest. Das

Trauma wird nicht als belanglos vergessen, es kann aber auch nicht als normale Erinnerung in das eigene Selbst- und Weltbild integriert werden. In ähnlichen Situationen wird das alte Trauma dann mitsamt seinen Verdrängungsmechanismen immer wieder unkontrolliert aktiviert und dadurch kann es zu allen denkbaren Störungen und Krankheiten kommen.

Werden die beiden Gehirnhälften nun durch EMDR so bilateral stimuliert, dass sie miteinander kommunizieren, werden die in den neuronalen Netzwerken fragmentiert steckengebliebenen Trauma-Bruchstücke zusammengefügt, endlich verarbeitet und können somit in die eigene Lebensgeschichte integriert und als erledigt abgelegt werden. Das Erlebte bleibt zwar erinnerbar, wird aber gefühlsmäßig neutral.

Eine andere Untersuchung wiederum geht davon aus, dass die Bilateralität nicht entscheidend sein soll. Stattdessen soll der therapeutische Effekt auf der geteilten Aufmerksamkeit beruhen. Womöglich lasse die geteilte Aufmerksamkeit das traumatisierende Geschehen in den Hintergrund treten, nehme ihm seine dominierende Stellung und ermögliche es, eine schützende Distanz aufzubauen. Es wird als denkbar angesehen, dass auf diese Weise eine Umbewertung der traumatischen Situation stattfinde.[6]

Sollte tatsächlich das traumatische Geschehen in den Hintergrund treten und eine „schützende Distanz" aufgebaut werden, ist von dieser Vorgehensweise der geteilten Aufmerksamkeit unbedingt abzuraten. Durch eine „schützende Distanz" wird die positive Verarbeitungswirkung von EMDR in ihr Gegenteil besonders stabiler Verdrängung pervertiert.

Obwohl die Erklärungsansätze plausibel klingen, verbreitete sich EMDR aber vor allem deshalb so erfolgreich, weil die Menschen durch persönliche Erfahrung von der positiven Wirkung überzeugt worden sind − und genau bei diesen persönlichen Erfahrungen setze ich auch mit dem Spirituellen EMDR an.

Dadurch, dass ich verschiedenste Bewusstseinszustände differenziert wahrnehme, konnte ich zunächst bei mir selber und später dann auch bei meinen Schülerinnen und Schülern erkennen, wie EMDR ganz generell auf die menschliche Psyche wirkt. Dabei hat sich EMDR bis in die Transzendenz hinein − und sogar noch über diese hinaus als Unterstützung für die Manifestation und Kraft − als so hilfreich erwiesen, dass ich euch gerne EMDR als spirituelle Methode ausführlich erläutern möchte.

EMDR ist also nicht nur eine psychotherapeutisch sehr wirkungsvolle Methode, insbesondere in der Traumatherapie, sondern auch spirituell und kann dir daher eine wertvolle Hilfe sein. Ich setze Spirituelles EMDR von der Bedeutung her als weitere spirituelle Basistechnik den bekannten Methoden Meditation,

Hypnose, Herzatmung, Energieresonanz und Chakrenreinigung gleich.

Darüber hinaus ist Spirituelles EMDR zusammen mit der Schuldgefühle löschen – Liebe leben – Vorgehensweise© (Schuldgefühle-lLl-Praktik©)[7] dazu geeignet, die göttlich-irdische Liebesflussverbindung im transzendenten Bewusstsein der Menschen herzustellen. Damit sind Spirituelles EMDR und die Schuldgefühle-lLl-Praktik© beides spirituelle Techniken zur Förderung des höheren Bewusstseinsniveaus des neuen Zeitalters.

Ursprung und Methodenverbreitung

Schon die Azteken als mexikanische Ureinwohner zwischen dem 14. und frühen 16. Jahrhundert sowie die Inkas als eingeborene städtische Kultur zwischen dem 13. und 16. Jahrhundert, welche in der damaligen Zeit große Teile Südamerikas beherrschten, verwendeten eine dem heutigen EMDR ähnliche Technik. Auch bei der Hypnose wird gerne über bilaterale, also abwechselnd beide Gehirnhälften stimulierende, Augenbewegungen, beispielsweise mit einem vor den Augen hin und her geführten Pendel, in den Hypnosezustand versetzt.

Insofern wurde die heilende und bewusstseinsverändernde Wirkung bilateraler Augenbewegungen schon lange genutzt, ist aber in ihrer heutigen therapeutischen Anwendung unter der

Bezeichnung EMDR auf Francine Shapiro, Psychologin geb. 1948, zurückzuführen.

Francine Shapiro entdeckte diese Methode zufällig beim Spazierengehen im Park. Sie bewegte ihre Augen hin und her und erlebte dadurch eine deutliche Entlastung von Ängsten und depressiven Gedanken. Inzwischen ist EMDR in der Behandlung von Posttraumatischen Belastungsstörungen bei Erwachsenen als wissenschaftliche Methode international anerkannt[8] und auch kassenärztlich wird EMDR in Deutschland abgerechnet.

Dasselbe Prinzip bilateraler Augenbewegungen findet man ebenfalls im sogenannten Wingwave, einem Leistungs- und Emotions-Coaching, das in wenigen Sitzungen zum Abbau von Leistungsstress und zur Steigerung von Kreativität, Mentalfitness und Konfliktstabilität führen möchte. BiCo (Bilaterales Coaching) ist ein weiteres Verfahren, das EMDR mit anderen Methoden, insbesondere NLP (Neuro Linguistisches Programmieren), MFT (Mentalfeld Therapie) und K.I.P. (Katathym-Imaginative-Psychotherapie) verbindet. Wingwave und BiCo werden speziell im Coaching eingesetzt.

Brainspotting nutzt ebenso wie EMDR die Verbindung zwischen Psyche und Augen zur Traumaverarbeitung. Während einer EMDR-Sitzung begannen an einem bestimmten Punkt im Gesichtsfeld einer Klientin ihre Augen zu zucken und ihr Blick erstarrte, woraus sich dann Brainspotting entwickelte. Brainspotting aktiviert unbewusste Erfahrungen gezielt über die Blickrichtung, um das Trauma dann neu zu verarbeiten. EMDR unterstützt also die Verarbeitung von Traumata durch Augenbewegungen, Brainspotting hingegen durch Augenfixierung und -position.

In wieweit Brainspotting tatsächlich verarbeitet oder durch geteilte Aufmerksamkeit Distanz zum Geschehen aufbaut und dadurch in die Verdrängung führt, hängt von der konkreten Vorgehensweise ab. Die Zielsetzung geht jedenfalls in Richtung Verarbeitung. So werden die sensiblen Punkte (Brainspots) zunächst über Augenbewegen herausgefunden, um sich dann fixiert ganz besonders intensiv mit ihnen zu beschäftigen.

Brainlog ist wiederum ein Verfahren, welches EMDR und Brainspotting miteinander kombiniert. Brainlog möchte als eine körperzentrierte und zielorientierte Methode die Quelle des emotionalen oder körperlichen Schmerzes finden, fokussieren, verarbeiten und auflösen.

Andere Weiterentwicklungen von EMDR sind noch beispielsweise EMI (Eye Movement Integration), mit langsamen Augenbewegungen in über zwanzig Bewegungsrichtungen, und Souling. Beim Souling wird mit speziellen Atemtechniken, bilateraler Stimulierung durch Tappen oder mit einer speziell komponierten Souling-Musik gearbeitet.

Erste Ansätze erweitern EMDR inzwischen auch zur spirituellen Therapie, aber das eigentliche Potential der EMDR-Methode wurde bislang noch nicht einmal annähernd erkannt. Deswegen möchte ich mit diesem Leitfaden meinen in ihrer Entwicklung schon fortgeschrittenen Schülerinnen und Schülern die viel umfangreicheren Möglichkeiten des Spirituellen EMDR erläutern.

Einsatzvielfalt von EMDR

Für EMDR gibt es vielfältige Einsatzmöglichkeiten. Es lassen sich vor allem die Bereiche Psychotherapie, Coaching, Selbsthilfe und Spiritualität unterscheiden.

In der Psychotherapie wird EMDR nach wie vor insbesondere bei Traumata eingesetzt, findet aber immer weitere Anwendungsgebiete. Beim Coaching wird EMDR häufig in abgewandelter Form genutzt und bei der Selbsthilfe mit EMDR wird zur Eigenanwendung geraten.

Die unerfahrene Eigenanwendung von EMDR finde ich allerdings mehr als bedenklich, sodass ich dir davon abraten möchte. Sicherlich gibt es Persönlichkeitsstrukturen, für die eine eher gering dosierte Eigenanwendung nutzbringend sein kann, aber dies selber einzuschätzen, ist kaum möglich und die Gefahr, Retraumatisierungen und überflutende psychische Prozesse auszulösen, ist besonders groß.

Zwar verfügt die menschliche Psyche über Schutzmechanismen, welche überflutende Erfahrungen meistens verhindern, aber EMDR ist in besonderem Maße dazu geeignet, diese Abwehrmechanismen zu überwinden. Deshalb ist EMDR ja gerade bei tief verdrängten traumatischen Erfahrungen so erfolgreich – aber eben auch mit dem entsprechenden Risiko bei Eigenanwendung.

Hinzu kommt, dass mit psychischen Nachwirkungen zu rechnen ist, die bei fehlenden Verarbeitungskenntnissen schlimmstenfalls zu noch tieferer Verdrängung führen können. Damit wäre dann genau der gegenteilige Effekt erreicht. Deswegen möchte ich dir EMDR in Eigenanwendung nur bei ausreichenden psychischen Fachkenntnissen oder nach zunächst fachkundiger Begleitung empfehlen.

Ich persönlich bot beispielsweise Einzelhilfe zur Selbsthilfe mit EMDR an, indem ich Menschen bei ihrer Eigenanwendung oder Eltern bei der Anwendung auf ihre Kinder unterstützte. Dazu beriet ich sie bei der individuell abgestimmten Auswahl der verschiedenen EMDR-Formen visuell, auditiv und taktil sowie bei der passenden alltagstauglichen Dosierung, vermittelte Verarbeitungsmethoden und stand gegebenenfalls für Rückfragen und zur Begleitung psychischer Prozesse zur Verfügung.

Inzwischen betreue ich nur noch Gruppen und bilde in Spirituellem EMDR aus. Welche Beratungsgruppen ich aktuell anbiete, findet ihr auf meiner Website: https://www.am-ziel-erleuchtung.de/neues-bewusstsein/

Bei der Gelegenheit möchte ich auch gleich darauf hinweisen, dass die mir gelegentlich angetragene Idee, statt mit den Augen einem Finger zu folgen, abwechselnd auf zwei jeweils rechts und links angebrachte Bilder zu schauen, von Unkenntnis psychischer Prozesse zeugt und nicht zu empfehlen ist. Das von den Augen aktiv durchgeführte abwechselnde Schauen auf Bilder richtet die Aufmerksamkeit nach außen, während das passive Folgen der geleiteten Augen durch einen führenden Finger nach innen zur Heilung führt.

Bei EMDR im Zusammenhang mit Spiritualität wird meistens zuerst an die spirituelle Dimension gedacht, die im Trauma enthalten sein kann. So sind in extremen Situationen Grenzerfahrungen möglich, die bis hin zu Nahtodeserlebnissen gehen können. Diese können dann bei der EMDR-Anwendung wieder erinnert und in ihrer Bedeutung erkannt werden.

Manche Therapeutinnen und Therapeuten haben auch schon beobachtet, dass sich gegen Ende einer EMDR-Sitzung eine spirituelle Ebene auftun kann. Das dies jedoch verhältnismäßig selten vorkommt, liegt vor allem daran, dass die Stimulierungssequenzen kurzgehalten werden, um die Person im Alltagsbewusstsein verankert zu lassen. Das macht durchaus Sinn, wenn die Persönlichkeitsstruktur der Person für längere Sequenzen nicht stabil genug ist und/oder sich die durchschnittlich ausgebildete Therapeutin oder der durchschnittlich ausgebildete Therapeut nicht mit spirituell höheren Bewusstseinsschichten auskennt.

Ich persönlich habe mich inzwischen von dieser Vorgehensweise gelöst, halte meine Schülerinnen und Schüler solange auf der Bewusstseinsebene des Traumas, bis es verarbeitet ist und führe sie dann soweit in ihre spirituelle Selbstheilung, wie es ihnen möglich ist. Dadurch machen sie fast alle noch lange nachwirkende spirituelle Erfahrungen.

Einige Therapeutinnen und Therapeuten beginnen inzwischen auch, gezielt auf spirituelle Erfahrungen hinzuarbeiten, indem sie EMDR mit anderen spirituellen Methoden kombinieren. Bei dieser Vorgehensweise ergänzen sie aber die Standard-EMDR-Anwendung vor allem um verschiedene andere spirituelle Techniken, während ich EMDR selber als eine hochwirksame spirituelle Technik in besonders intensiver Form anwende. Dazu werde ich dir im Folgenden erläutern, wie EMDR jeweils unterschiedlich durchgeführt, die jeweiligen Entwicklungsschritte auf deinem spirituellen Weg unterstützt.

Noch mehr zu den Anwendungsformen von EMDR findest du außerdem auf meiner Website. Ich habe einen entsprechenden Fachartikel in der Verbandszeitschrift Freier Psychotherapeuten, Heilpraktiker für Psychotherapie und Psychologischer Berater e.V. (Heft 2/2016) veröffentlicht.
https://www.am-ziel-erleuchtung.de/emdr-traumatherapie/

Bilaterale Musik

Während herkömmliches EMDR vor allem Augenbewegungen nutzt, sieht Spirituelles EMDR das Auditive als wichtiger an. Im transzendenten Bewusstsein sprechen die dem Männlichen zugeordneten Augenbewegungen verstärkt die irdische Strukturebene an, während die dem Weiblichen zugeordnete bilaterale Musik die Gefühle und die göttlich-irdische Verbindung betont.

Darüber hinaus bietet die bilaterale Musik zusätzliche gezielte Anwendungsmöglichkeiten. Beispielsweise bettet sie mit der Grundschwingung von 432 Hz ins universelle Ganze ein oder wirkt mit 440 Hz auf die Strukturebene.

Auf dem bisherigen Bewusstseinsniveau des alten Zeitalters waren der göttliche und der irdische Bewusstseinsanteil der transzendenten Menschen voneinander getrennt. Die größere Bedeutung wurde dem irdischeren visuellen EMDR beigemessen, sodass es inzwischen als eine wertvolle psychotherapeutische Methode verbreitet ist.

Das neue Zeitalter hingegen ist durch die göttlich-irdische Liebesflussverbindung im transzendenten Bewusstsein gekennzeichnet. Erst durch diese Verbindung lässt sich vom Göttlichen aus das Irdische nach universellen Gesetzmäßigkeiten liebevoll, mit Freude und glücklich gestalten.

Für die göttlich-irdische Verbindung ist die innere Frau mit ihren Gefühlen besonders wichtig. Hinzu muss die Bereitschaft kommen, die universelle Liebe als Eigenliebe anzunehmen. Außerdem ist nicht das Ego, sondern die veraltete spirituelle Überzeugung aufzugeben, dass das Ego aufzulösen sei. Statt das Ego durch einen nicht möglichen Versuch der Auflösung zu verdrängen, ist es liebevoll als innere Familie bis ins Körperliche hinein zu heilen. Daher lautet meine spirituelle Botschaft für das neue Zeitalter: Heilt eure innere Frau, um die göttliche Liebe bis in eure irdische Persönlichkeit hinein annehmen zu können.

Diese Entwicklung einzelner Menschen ebenso wie der gesamten Menschheit wird in dreifacher Form unterstützt. Erstens bekommt auditives EMDR mit bilateraler Musik einen dem visuellen EMDR mindestens gleichbedeutenden Stellenwert. Zweitens führt die Schuldgefühle löschen – Liebe leben – Verfahrensweise© (Schuldgefühle-lLl-Praktik©) in die göttlich-irdische Liebesflussverbindung und damit auf das höhere Bewusstseinsniveau des neuen Zeitalters. Drittens wirken die Am-Ziel-Erleuchteten© über ihre Liebesausstrahlung und Resonanzschwingung ganz automatisch heilend und entwicklungsfördernd auf ihre Mitmenschen.

Aufgrund der großen Bedeutung bilateraler Musik habe ich sie als spezielle Bewusstseinsmusik konkret in Auftrag gegeben. Der Bewusstseinscoach der Am-Ziel-Erleuchtung© Sascha Herwig hatte von mir die wichtige Aufgabe bekommen, sich speziell dieser Musik anzunehmen. Als Musiker mit eigenem Tonstudio verfügte er über jahrzehntelange Erfahrungen. Er hat drei EMDR-Sounds mit viel Liebe komponiert, bevor sich unsere Wege dann trennten und ich ihm die Rechte an den Sounds abgekauft habe.

Aus seinem besonderen Verständnis für Frequenzen heraus ordnete er langsam schwingende Frequenzen (tiefe Töne) der Strukturebene, schnell schwingende Frequenzen (hohe Töne) der Seele beziehungsweise der göttlichen Bewusstseinsebene und die 432-Hertz-Schwingung dem universellen Ganzen zu.

Bei den drei EMDR-Sounds handelt es sich um Bewusstseinsklänge und nicht wirklich um Musik. Insofern hat deine emotionale Reaktion auf die EMDR-Sounds auch nichts mit Musikgeschmack zu tun, sondern mit deiner Bewusstseinsreaktion. Diese gibt dir bereits Aufschluss über dich selber. Reagierst du mit

Entspannung oder Abwehr, magst du lieber die hohen oder die tiefen Töne?

Aus jeweils verschiedener Schwingungszusammensetzung heraus stehen dem Spirituellen EMDR insgesamt vier Musikstücke (drei von Sascha Herwig und das ursprünglich von mir verwendete von Robert Yourell) zur Verfügung. Die EMDR-Sounds, alle rein instrumental, beziehen sich in unterschiedlicher Form auf die drei in das universelle Ganze eingebetteten Ebenen des transzendenten menschlichen Bewusstseins (1) Strukturebene, (2) göttlich-irdische Verbindung und (3) göttlicher Bewusstseinsanteil.

Strukturebene

Die folgenden Strukturebenen-Sounds sind für den Einstieg in Spirituelles EMDR (Kapitel II) zu verwenden und für auditives EMDR zur Entwicklungsförderung von Kindern. Sie sind außerdem für eine gemeinsame Anwendung mit konventionellem EMDR geeignet.

Ohne zusätzliche weitere EMDR-Praktiken unterstützen die EMDR-Sounds, einfach nur gehört, die Verarbeitung von Gefühlen.

Wird Spirituelles EMDR mit der Schuldgefühle-lLl-Praktik© kombiniert, ergeben sich Besonderheiten. Wann in dem Fall welche bilaterale Musik für Spirituelles EMDR anzuwenden ist, erfährst du in

Kapitel II im Abschnitt „Spirituelles EMDR und die Schuldgefühle-ILl-Praktik©".

• *„UpLevel"[9] von Robert Yourell*
Diese bilaterale Musik wirkt vor allem auf die Strukturebene. Der Schwerpunkt liegt auf dem ersten Abschnitt des vollständigen spirituellen Weges.

Hinweis: Falls du Fragen zu den drei Abschnitten des vollständigen spirituellen Weges hast, beantworte ich dir diese in meinem gleichnamigen Buch „Der vollständige spirituelle Weg"[10].

Diese von mir ursprünglich verwendete EMDR-Musik hat den entscheidenden Nachteil, dass sie im deutschsprachigen Raum nicht mehr zu beziehen ist. Ich gebe sie euch trotzdem mit an, weil sich das ja vielleicht auch noch wieder ändern kann.

Stattdessen – nicht als Notlösung, sondern weiterentwickelt mit höherem Bewusstseinsanspruch – empfehle ich euch die bilaterale Musik von Sascha Herwig. Er hat drei bilaterale Musikstücke speziell für die drei verschiedenen Bewusstseinsschichten komponiert. Diese drei EMDR-Sounds könnt ihr in meinem internationalen, daher englischsprachigen, Shop herunterladen:

https://new-age-enlightenment.com/shop/

- *„Spiritueller Weg – EMDR-Sound 1"[11]*

Dieser EMDR-Sound 1 zielt dadurch speziell auf die Strukturebene, dass er auf der Grundschwingung von 440 Hertz basiert. Zugleich enthält er keine Schwingungen, welche nichthörbar die bilaterale Musik universell anreichern. Insofern kann der EMDR-Sound 1 ohne inhaltliche Verluste von euch aus dem größeren WAV-Dateiformat in MP3 umgewandelt werden.

Die Bandbreite der Schwingungen des EMDR-Sounds 1 ist weiter als bei UpLevel, sodass mehr das Männlich-Irdische, während von UpLevel mehr das Weiblich-Irdische betont wird.

Ihr erhaltet den EMDR-Sound 1 über diesen Link:
https://new-age-enlightenment.com/product/emdr-1/

Göttlich-irdische Verbindung

Für Fließendes EMDR (Kapitel III), Manifestation (Kapitel IV) und Kraft (Kapitel V) wird grundsätzlich der EMDR-Sound 2 gehört. Auf Ausnahmen wird in den entsprechenden Kapiteln hingewiesen.

- *„Spiritueller Weg – EMDR-Sound 2"[11]*

Diese bilaterale Musik unterstützt vor allem die Verbindung von Strukturebene und göttlichem Bewusstsein. Der Schwerpunkt liegt auf dem zweiten Abschnitt des vollständigen spirituellen Weges.

Die komprimierten, tiefen Frequenzen in dem EMDR-Sound 2 richten sich an das Irdische, während zugleich nichthörbare Schwingungen mit dem göttlichen Bewusstsein verbinden. Die Einbettung in das universelle Ganze ergibt sich aus der Grundschwingung von 432 Hertz.

Die nichthörbaren Schwingungen sind der Grund dafür, dass die EMDR-Sounds 2 und 3 nicht als MP3, sondern nur als WAV-Dateien zu empfehlen sind. Im MP3-Format gehen die göttlich verbindenden Schwingungen verloren.

https://new-age-enlightenment.com/product/emdr-2/

Göttlicher Bewusstseinsanteil

Der EMDR-Sound 3 wird von bereits Am-Ziel-Erleuchteten© verwendet und für auditives EMDR zur Entwicklungsförderung von Kindern. Außerdem kann der EMDR-Sound 3 für spirituelle Entspannung und zur Unterstützung von Meditation und Hypnose gehört werden.

- *„Spiritueller Weg – EMDR-Sound 3"[11]*
Diese bilaterale Musik betont die universelle Liebesweite. Der Schwerpunkt liegt auf dem dritten Abschnitt des vollständigen spirituellen Weges.

Ebenso wie der EMDR-Sound 2 enthält auch der EMDR-Sound 3 nichthörbare Schwingungen und ist in 432 Hertz komponiert. Im Unterschied zum EMDR-Sound 2 allerdings spricht der EMDR-Sound 3 durch seine offenen, weiten Frequenzen speziell das göttliche Bewusstsein an.

https://new-age-enlightenment.com/product/emdr-3/

Für alle Musikstücke gilt, dass sie per Kopfhörer oder Ohrhörer zu hören sind, um ihre bilaterale Wirkung zu entfalten. Dabei stellt man häufig erst fest, welche Ohrhörer tatsächlich funktionieren und welche nicht. Die Töne müssen abwechselnd von beiden Seiten kommen, sonst fehlt Stereo oder eine Seite des Kopfhörers ist ausgefallen.

Wie bilaterale Musik zur Entwicklungsförderung von Kindern eingesetzt werden kann, habe ich auf meiner Website für euch als Anleitung zusammengestellt:

https://www.am-ziel-erleuchtung.de/auditive-emdr-therapie/

Weitere Informationen zu den Bausteinen des transzendenten Bewusstseins:

https://www.am-ziel-erleuchtung.de/gurus/

Wie aus diesem vollständigen Bewusstsein der Am-Ziel-Erleuchtung© heraus geheilt und die universelle Liebe von Göttlich zu irdisch gestaltet wird, könnt ihr in meinem Reisebericht „Heilung der Welt durch Bewusstseinsentwicklung für Indien; neues Zeitalter: Umwandlung des Buddhismus und Hinduismus" nachlesen[12].

https://www.am-ziel-erleuchtung.de/indien/

Kapitel II:
Anwendung und Verarbeitung

In diesem zweiten Kapitel gebe ich dir zunächst einen Überblick über den spirituellen Weg. Weitere Einzelheiten zu dem spirituellen Weg erfährst du in meinem Buch „Der vollständige spirituelle Weg". Danach folgt ein weiterer Überblick über unterstützende spirituelle Basistechniken. Dazu gehe ich auch speziell auf die untereinander abgestimmte Anwendung von Spirituellem EMDR und der Schuldgefühle löschen – Liebe leben – Verfahrensweise© (Schuldgefühle-lLl-Praktik©) ein.

Diese ersten drei Abschnitte vermitteln vor allem spirituelles Hintergrundwissen. Das Hintergrundwissen ist speziell dann wichtig, wenn du Spirituelles EMDR mit anderen spirituellen Methoden kombinieren möchtest. Die spirituellen Basistechniken und die speziellen Methoden wirken jeweils unterschiedlich. Von den Basistechniken wiederum ergänzen sich Spirituelles EMDR und die Schuldgefühle-lLl-Praktik© besonders gut.

Anschließend kommen wir zur praktischen Durchführung. Dazu stelle ich dir die Voraussetzungen zur Eigenanwendung von EMDR vor und gebe dir Hinweise für die richtige Vorgehensweise sowie zur

Verarbeitung von Gefühlen. Zuletzt beschreibe ich dir einen Fall aus meiner Praxis.

Der spirituelle Weg

Worum geht es auf dem spirituellen Weg bezogen auf EMDR? Zunächst einmal sind hilfsweise zwei Ebenen zu unterscheiden – die irdische und die göttliche – auch wenn letztlich alles göttlich ist. Dann lässt sich der spirituelle EMDR-Weg in drei Schritten beschreiben:

1. Vervollständigen und heilen des irdischen Bewusstseins.
2. Wechsel vom irdischen ins göttliche Bewusstsein.
3. Vom Göttlichen aus das Irdische durchdringen.

New Age Seelen beginnen bei Punkt 3 und führen Punkt 1 parallel durch. Punkt 2 entfällt bei ihnen.

Alle anderen Menschen identifizieren sich üblicherweise erst einmal mit ihrer irdischen Bewusstseinsebene, die identisch mit dem sogenannten karmischen Kreislauf ist. Als karmischen Kreislauf bezeichnet man den Kreislauf der fortgesetzten Wiedergeburten, die durch die Folgen aller Taten über die einzelnen Leben hinaus miteinander verbunden sind.

Im jeweils einzelnen aktuellen Leben setzt sich die irdische Bewusstseinsebene als Ego aus einer inneren Familie mit innerem Kind, innerer Frau und innerem Mann sowie der karmischen Vergangenheit zusammen und ist im Körper gespeichert. Für weitere

Informationen zur inneren Familie siehe den Anhang in diesem Buch.

Welche inneren Familienmitglieder bei jedem Menschen besonders stark und gesund oder aber auch verletzt und verdrängt sind und wie die inneren Familienmitglieder untereinander kooperieren oder gegeneinander arbeiten, ist individuell sehr unterschiedlich und prägt die grundlegende Persönlichkeitsstruktur eines Menschen.

Üblicherweise ist es bei den Menschen so, dass ihre inneren Familienmitglieder noch nicht vollständig und gesund liebevoll miteinander umgehen. Das spiegelt sich dann entsprechend des jeweiligen Entwicklungsstandes auch im Außen als immer wiederkehrende spezielle Alltags- und/oder Beziehungsschwierigkeiten, die nichts weiter als Entwicklungsimpulse hin zu einer vollständigen, gesunden und liebevollen inneren Familie sind. Insofern verbessern sich die äußeren Lebensumstände allmählich mit der Entwicklung der inneren Familie.

Als Erstes ist also eine vollständige, gesunde und liebevolle innere Familie zu entwickeln. Dazu lassen sich sowohl therapeutische als auch spirituelle Methoden verwenden. In meinem Leitfaden für ganzheitliche Psychotherapeuten/innen „Spirituelle Psychotherapie: Die innere Familie"[13] beschreibe ich wie die gängigen Psychotherapien zur Heilung der inneren Familie eingesetzt werden können.

Ist die innere Familie hinreichend vollständig, gesund und kooperativ, geht es im zweiten Schritt darum, die Identifikation mit der inneren Familie aufzugeben, um die irdische Bewusstseinsebene ins Göttliche hinein zu verlassen. Vielleicht hast du schon mal die sich um sich selber willen verströmende Liebe und reine innere Glückseligkeit in besonderen Momenten als sogenanntes „Gipfelerlebnis" erfahren? Jetzt geht es darum, diese Identifikation mit dem göttlichen Bewusstseinszustand dauerhaft zu erreichen.

An dieser Stelle möchte ich betonen, dass dieser Identifikationswechsel jeweils mit Gefühl und Verstand sowohl in der Form des weiblichen Herzensweges als auch in der männlichen Form des Erkenntnisweges vollzogen werden muss, um vollständig zu sein. Häufig wird bereits ein Wechsel ins göttliche Bewusstsein über nur den Herzensweg (trotzdem auch mit Verstand) oder nur über den Erkenntnisweg (trotzdem auch mit Gefühl) schon als so beeindruckend erlebt, dass er für das Ganze gehalten wird.

Hinzukommend sind auch noch die männliche Spiritualität als das Göttliche im Menschen und die weibliche Spiritualität mit dem Menschen als Teil des göttlichen Ganzen zu unterscheiden. Bei der männlichen Spiritualität geht es darum, dass du als Mensch zu deiner dir inneren Göttlichkeit wirst, während dich die weibliche Spiritualität mit dem göttlichen Ganzen verbindet.

Die weibliche Spiritualität als Teil des göttlichen Ganzen hat dann vor allem die Aufgabe, den Menschen die göttliche Liebe zu bringen, während die männliche Spiritualität vorrangig das Göttliche im Irdischen umsetzt. Erst wenn sich die weibliche und die männliche Spiritualität miteinander verbinden, kann die göttliche Liebe vollständig bis in dich selber hinein und in alles Irdische vordringen und du dich gleichzeitig als kraftvoller göttlich-irdischer Mensch mit dem göttlichen Ganzen verbunden fühlen.

Spirituelles EMDR unterstützt vor allem den weiblichen Herzensweg innerhalb der männlichen Spiritualität. Für die weibliche Spiritualität setzt EMDR Impulse in Richtung männliche Spiritualität. Das ist aber nur für dich von Bedeutung, wenn du schon so weit fortgeschritten bist, dass du die andere Form von Spiritualität kennenlernen möchtest. Dann sind meine Hinweise als erweiternde Richtungswechsel für dich gedacht. Bis dahin wird dich deine innere Führung ganz automatisch liebevoll auf deinem persönlich schnellsten Weg in die weibliche oder männliche Form der Transzendenz leiten.

Als dritter Schritt auf dem männlichen spirituellen Weg ist dann das Göttliche im Irdischen zu manifestieren, also die „künstliche" Trennung zwischen irdisch und göttlich wieder aufzuheben (denn alles ist göttlich) und ist in die Kraft zu kommen. Spirituelles EMDR unterstützt dabei alle drei Stufen des männlichen spirituellen Weges und reinigt außerdem die emotionale Basis für die weibliche Spiritualität.

Die weibliche Spiritualität beruht vor allem auf persönlichen Beziehungen zu Menschen, die im entwicklungsbedürftigen Bereich jeweils soweit fortgeschritten sind, dass sie dadurch spirituell weiterbringen können. Zusätzlich können allerdings selbstverständlich auch psychotherapeutische und spirituelle Techniken eingesetzt werden. Beispielsweise zielt die Schuldgefühle löschen – Liebe leben – Verfahrensweise© auf das speziell weibliche Thema der Schuldgefühle ab.

Hinweis: Diese Erklärungen zum spirituellen Weg für EMDR bezogen sich auf den zweiten Abschnitt des vollständigen spirituellen Weges. Für den größeren Zusammenhang gibt es mein gleichnamiges Buch „Der vollständige spirituelle Weg".

Während sich der vollständige spirituelle Weg auf die Bewusstseinsebenen (1) irdisches Bewusstsein, (2) göttlich-irdische Verbindung und (3) göttliches Bewusstsein sowie die Einbettung in das universelle Ganze bezieht, erläuterte ich soeben die Einzelschritte auf dem zweiten Abschnitt (göttlich-irdische Verbindung) dieses vollständigen spirituellen Weges.

Spirituelle Basistechniken

Was sind Basistechniken in der Vielzahl spiritueller Methoden? Und wie ist Spirituelles EMDR in die schon vorhandenen spirituellen Übungen einzuordnen?

Als Basistechniken bezeichne ich die Methoden, welche insgesamt die inneren Selbstheilungskräfte aktivieren und die konkrete Wirkung dem göttlichen Ganzen überlassen. Sie unterscheiden sich von den anderen spirituellen Methoden dadurch, dass sie sich auf das Ganze richten, statt auf einen speziellen Wirkbereich zu zielen.

Nehmen wir als Beispiel Rückführung, die ich zu den sonstigen spirituellen Vorgehensweisen zähle. Unter Rückführung versteht man eine Selbsterfahrung, in der mit geschlossenen Augen in leichter Trance Bilder aus früheren Leben erinnert werden. Rückführung ist zwar die geeignetste Methode, um karmische Themen aus früheren Leben zu bearbeiten und damit ein sehr wichtiges und nützliches spirituelles Hilfsmittel, aber trotzdem keine spirituelle Basistechnik, weil sie speziell auf die karmische und damit irdische Bewusstseinsebene – wenn auch über dieses Leben hinaus – zielt. Die Übergänge zwischen Basistechniken und speziellen Anwendungen sind allerdings bei allen spirituellen Methoden fließend.

Am bekanntesten von den spirituellen Basistechniken dürfte die stille Meditation sein. Stille Meditation ist eine Anwendung, bei der man zur Ruhe kommt und seine Gedanken unbeachtet an der Oberfläche vorbeiziehen lässt, während man in tiefere Bewusstseinsschichten sinkt. Dabei überlässt sich Meditation ganz den Impulsen, die aus dem Göttlichen kommen.

Der Meditation vergleichbar kann auch Hypnose als Basistechnik eingesetzt werden. Hypnose ist ein Zustand zwischen Wachsein und Schlafen, in dem der Hypnotisierte körperlich tief entspannt geistig wachsam und aufmerksam ist. Inwieweit Hypnose als Basistechnik oder spezifisch eingesetzt wird, hängt von den Außenimpulsen der/des Hypnotiseurin/Hypnotiseurs (beziehungsweise bei Eigenhypnose von deinen eigenen Außenimpulsen) ab. Werden tiefere Bewusstseinsschichten durch Lenkung der Aufmerksamkeit nach innen inhaltsoffen angesprochen, wirkt Hypnose genauso wie Meditation als Basistechnik. Meditation und Hypnose setzen beide bei der Vertiefung des Bewusstseinszustandes an.

Wenn ich übrigens von „Vertiefung" schreibe, entspricht das, ganz generell, der männlich-spirituellen Wahrnehmung. Aus dem Weiblich-Spirituellen heraus werden „höhere" Bewusstseinszustände empfunden. Beides ist gleichermaßen richtig.

Die bewusstseinsverändernden Basistechniken Meditation, Eigenhypnose und Hypnose sind in ihrer spirituellen Wirkung identisch. Welche Vorgehensweise für jede/n individuell am besten ist, ist persönliche Geschmacksache. Üblicherweise wählen Menschen, die in erster Linie sich selber vertrauen, Meditation oder Eigenhypnose (hilfsweise durch Audio oder Video angeleitet) und Menschen, die lieber anderen vertrauen, Hypnose durch eine andere Person.

Andere spirituelle Basistechniken wirken beispielsweise in erster Linie über das feinstoffliche Energiesystem eines Menschen. Der Mensch ist weit mehr als sein sichtbarer physischer Körper, der nur den unteren Schwingungsbereich menschlicher Existenz darstellt. Menschen sind vielmehr Energiewesen, die aus verschiedenen Schichten unterschiedlich schwingender Energie aufgebaut sind. Zu unterscheiden sind der Ätherleib als feinstoffliche Abbildung des physischen Körpers, der Emotionalkörper, welcher die Gefühle beinhaltet, der Mentalkörper, der den Gedankenmustern entspricht und der Spirituelle Körper als göttliche Energie.

Eine Möglichkeit, das feinstoffliche Energiesystem insgesamt anzusprechen, ist, durch eine Herzatmung mit Visualisierung vorzugehen. Dazu setzt du dich offen und aufrecht hin, öffnest dich auch innerlich, schließt die Augen, atmest durch die Nase ein und durch den Mund in deinen Herzbereich hinein aus. Dabei stellst du dir weißes, grünes oder rosa Licht vor, das sich von deinem Herzbereich aus in deinem Körper ausbreitet. Dabei lässt du die verarbeitende Wirkung in deinem Inneren zu.

Außerdem kannst du energetisch die Impulse auch von außen durch Energieresonanz und Chakrenreinigung setzen oder setzen lassen. Wie stark die jeweilige Wirkung ist, hängt davon ab, wie lange und intensiv der Impuls ist und wie offen er von dir angenommen werden kann.

Von grundlegender Bedeutung ist vor allem die Energieresonanz. Energieaustausch mit Resonanzeffekten findet ständig mit unserem Umfeld statt, weswegen wir uns beispielsweise – neben anderen Einflüssen – in der Nähe mancher Menschen unerklärlich wohler fühlen als bei anderen. Aber nicht nur andere Menschen, auch Tiere, Pflanzen und Orte wirken energetisch auf uns.

Diese Energieresonanz wendete ich ursprünglich als spirituelle Basistechnik an, indem ich eins mit dem Energiesystem der/des anderen wurde und uns für die göttliche Energie des Spirituellen Energiekörpers öffnete. Wenn ich gezielt die Mentalkörper- oder Emotionalkörperenergie verstärkte, war der Übergang zu dem speziellen Wirken der sonstigen spirituellen Methoden fließend.

Seit meiner Am-Ziel-Erleuchtung© wirke ich, wie alle Am-Ziel-Erleuchteten©, durch meine Liebesausstrahlung automatisch in Form einer spirituellen Basistechnik auf andere Menschen. Hinzu kommen universell angeleitete Bewusstseinsgestaltungen, die sich auf spezielle Inhalte richten. Durch meine permanente Liebesausstrahlung zusammen damit, dass ich spirituelle Methoden durch gestaltete Resonanzschwingung ersetze, führe ich Menschen in die Am-Ziel-Erleuchtung©.

Im Unterschied zur Energieresonanz verbindet sich bei der Geistheilung die Geistheilerin oder der Geistheiler nicht in erster Linie als Person energetisch mit der oder dem zu Heilenden, sondern leitet vielmehr als Kanal die göttliche Energie in das Energiesystem der oder des anderen weiter und zielt damit meistens auf eine spezielle Wirkung, zum Beispiel Heilung von spezieller Krankheit, ab. Daher zählt Geistheilung zu den sonstigen spirituellen Methoden.

Bei der Chakrenreinigung findet der Zugang zum Energiesystem durch eine Vielzahl von Hilfsmitteln über die Chakren statt. Chakren sind sich drehende kleine Energiewirbel, die zusammen die energetische Ausstrahlung eines Menschen bilden. Es gibt sieben Hauptchakren entlang unserer Wirbelsäule.

Ich persönlich verwendete bei meinem Chakra-Wellness-Angebot zum Kennenlernen beispielsweise Chakra-Energiekarten, Chakra-Räucherstäbchen, Chakra-Tönen (singen der Vokale U, O, o, A, E, I und des Selbstlautes m), tibetische Chakra-Klangschalen, https://www.am-ziel-erleuchtung.de/klangschalenritual/ Chakra-Edelsteine und Energiefeldkristalle in aufeinander abgestimmter Anwendung.

Werden die sieben Hauptchakren gleichermaßen angesprochen und dadurch das Energiesystem insgesamt harmonisiert, zählt Chakrenreinigung zu den spirituellen Basistechniken. Wenn einzelne Chakren einen thematischen Schwerpunkt bilden, ist der Übergang zu den gezielten spirituellen Vorgehensweisen wiederum fließend.

Alle spirituellen Basisanwendungen haben gemeinsam, dass sie durch ihre offene Wirkform den spirituellen Weg besonders gut kontinuierlich unterstützen können und insbesondere bei Entwicklungssprüngen auf eine höhere Bewusstseinsstufe sehr hilfreich sind. Dagegen bearbeiten die speziellen spirituellen Vorgehensweisen und psychotherapeutischen Methoden vor allem konkrete Themen.

Wozu gehört nun EMDR als spirituelle Methode? Spirituelles EMDR bereichert die bewusstseinsverändernden Basistechniken Meditation, Eigenhypnose und Hypnose sowie die energetischen Basistechniken Herzatmung, Energieresonanz und Chakrenreinigung um eine dritte eigenständige Form von Basistechnik und hat daher eine große Bedeutung für das neue Zeitalter.

> **Merksatz:** Die bereits vorhandenen Basistechniken „Bewusstsein" und „Energien" werden mit Spirituellem EMDR um eine eigenständige Form von Basistechnik „Verbindung" erweitert. Spirituelles EMDR setzt bei den Gefühlen an und stellt Verbindung her.

Konventionelles EMDR schafft den Zugang zu verdrängten Traumata und fügt fraktionierte Erinnerungsbruchstücke so zusammen, dass sie nunmehr verarbeitet gesund abgelegt werden können. Spirituelles EMDR fördert zusätzlich die Kooperation der inneren Familienmitglieder sowie bei Kindern deren Entwicklung. Außerdem unterstützt Spirituelles EMDR die Verbindung vom irdischen zum göttlichen Bewusstseinsanteil und hilft bei der Manifestation des Göttlichen im Irdischen.

Bei EMDR kommen auf der ersten Stufe des spirituellen Weges – Heilung der inneren Familie – Fremdimpulse von außen. Inwieweit es ausreicht, dass dich eine Therapeutin oder ein Therapeut mit konventionellem EMDR durch Traumata und sonstige Reinigungsprozesse hindurchführt, ist vom Einzelfall abhängig. Spirituelles EMDR(AL) (AL= nach Ayleen Lyschamaya) überschreitet die Bewusstseinskompetenz des konventionellen EMDR, sodass für herkömmliche Therapeutinnen und Therapeuten eine Zusatzausbildung im Spirituellen EMDR(AL) notwendig ist. Bewusstseinscoaches der Am-Ziel-Erleuchtung© beinhalten diese Zusatzausbildung und können daher entsprechend qualifiziert anleiten.

Entscheidend ist, was ihr möchtet. Geht es euch um die Heilung von Traumata, dann seid ihr bei konventionellem EMDR richtig. Als Vorstufe zur Eigenanwendung von Spirituellem EMDR(AL) sucht euch aber am besten eine Therapeutin oder einen Therapeuten mit Zusatzqualifikation in Spirituellem EMDR(AL).

Wichtig ist, dass vor der eigenen spirituellen EMDR-Anwendung die EMDR-Methode als solche ebenso wie die psychische Verarbeitung von Veränderungsprozessen gelernt sind.

Mit dieser Vorerfahrung ist auf der zweiten Stufe deines spirituellen Weges Eigenanwendung von Spirituellem EMDR(AL) hilfreich, um in die Transzendenz zu wechseln. Die Impulse setzt du selber von der irdischen Ebene aus von außen, bis du ins göttliche Bewusstsein hineingewechselt bist.

Daraufhin übernimmt auf der dritten Stufe das Göttliche die Führung und verbindet sich unterstützt durch Spirituelles EMDR(AL) wiederum mit dem Irdischen.

Diese drei Stufen, Heilung des irdischen Bewusstseinsanteils, Wechsel in den göttlichen Bewusstseinsanteil, Verbindung von göttlichem und irdischen Bewusstseinsanteil, finden sich auch in der

Schuldgefühle löschen – Liebe leben – Vorgehensweise© wieder.

Zuerst wird das Irdische von Schuldgefühlen befreit und wird die göttlich-irdisch trennende Schuldgefühle-Blockade aufgelöst (Schritte 1-4 der Schuldgefühle-lLl-Praktik©). Danach wird die universelle Liebe als göttliches Bewusstsein erfahren (Schritt 5 der Schuldgefühle-lLl-Praktik©). Anschließend wird durch Affirmationen die Liebesfluss-Verbindung von Göttlich zu irdisch im Bewusstsein hergestellt (Schritte 6-8 der Schuldgefühle-lLl-Praktik©).

Sowohl Spirituelles EMDR als auch die Schuldgefühle löschen – Liebe leben – Vorgehensweise© haben den Schwerpunkt Verbindung. Daher ergänzen sie sich gegenseitig. Üblicherweise wird die Schuldgefühle-lLl-Praktik© kontinuierlich in 8 Schritten durchgeführt und Spirituelles EMDR kommt je nach Bedarf hinzu.

Ich unterscheide also bei den Basistechniken Meditation, Eigenhypnose und Hypnose, die jeweils in einen vertieften Bewusstseinszustand führen, Herzatmung mit Visualisierung, Chakrenreinigung und Energieresonanz, die bei den Energien ansetzen, und Spirituelles EMDR sowie die Schuldgefühle löschen – Liebe leben – Vorgehensweise©, die auf Gefühlen beruhen und göttlich-irdische Verbindung herstellen. Zusätzlich lassen sich die spirituellen Methoden auch noch danach einteilen, ob die Impulse aus der inneren

Transzendenz heraus aktiviert oder von außen durch dich selber oder andere gesetzt werden.

Bei der Schuldgefühle löschen – Liebe leben – Vorgehensweise© kommen Fremdimpulse von außen für die erste Verankerung der Affirmationen und durch begleitende Bewusstseinsarbeit. Eigenimpulse von außen ergeben sich durch die Affirmationen. Impulse von innen, insbesondere als Heilung, entstehen durch den universellen Liebesfluss. Insofern kommen alle drei Formen der Impulsgebung zusammen.

Einen zusammenfassenden Überblick über die spirituellen Basistechniken gibt dir die folgende Tabelle. Rückführung und Geistheilung sind darin nicht aufgeführt, weil sie nicht zu den Basistechniken gehören, sondern als Beispiele für sonstige spirituelle Methoden erläutert wurden. Allerdings solltest du beachten, dass die Übergänge zwischen den Basis- und sonstigen Vorgehensweisen ebenso wie zwischen den Wirkansätzen und den Impulsgebungen fließend sind.

Impuls-gebung Wirk-ansatz	Impulse von innen	Eigenimpulse von außen	Fremdimpulse von außen
Bewusst-sein	Meditation	Eigenhypnose	Hypnose
Energie	Herzatmung mit Visuali-sierung	Chakren-reinigung (z.B. Räucher-stäbchen)	Energie-resonanz; Chakren-reinigung
Verbin-dung	EMDR (spiritueller Weg Stufe 3)	EMDR (spiritueller Weg Stufe 2)	EMDR (spiritueller Weg Stufe 1)
	Schuldgefühle -lLl-Praktik© (spiritueller Weg Stufe 3)	Schuldgefühle -lLl-Praktik© (spiritueller Weg Stufe 2)	Schuldgefühle-lLl-Praktik© (spiritueller Weg Stufe 1)

Tabelle 1: Spirituelle Basistechniken im Überblick

Spirituelles EMDR und die Schuldgefühle-lLl-Praktik©

Beide Methoden, Spirituelles EMDR und die Schuldgefühle löschen – Liebe leben – Vorgehensweise©, zielen auf die göttlich-irdische Liebesflussverbindung im transzendenten menschlichen Bewusstsein und ergänzen sich daher gegenseitig. Wie ist sich das nun genau in der Praxis vorzustellen?

Nach den bisherigen Erfahrungen mit meinen Schülerinnen und Schülern kommen vor allem die folgenden drei Kombinationen aus Spirituellem EMDR und Schuldgefühle-lLl-Praktik© vor:

1) Spirituelles EMDR zuerst
2) Spirituelles EMDR und die Schuldgefühle-lLl-Praktik© gleichzeitig
3) Die Schuldgefühle-lLl-Praktik© zuerst

Spirituelles EMDR zuerst

Mich selber hat das Universum zuerst in Spirituelles EMDR geführt und Monate später in die Schuldgefühle-lLl-Praktik©. Diese alleinige Durchführung nur jeweils einer spirituellen Methode war in meinem Fall schon deshalb notwendig, um die jeweiligen Wirkungen ohne zusätzliche Einflüsse zu erfahren. Nur so blieb die Komplexität soweit überschaubar, dass ich die beiden Methoden für die göttlich-irdische Verbindung des neuen Zeitalters entwickeln konnte.

Doch auch für alle anderen Menschen mit kräftiger Persönlichkeitsstruktur bietet es sich an, zunächst die innere Familie zu heilen, dann Spirituelles EMDR durchzuführen und anschließend mit der Schuldgefühle löschen – Liebe leben – Vorgehensweise© fortzufahren.

Für diese Reihenfolge von Spirituellem EMDR und Schuldgefühle-lLl-Praktik© ist die bilaterale Musik der Strukturebene anzuwenden (EMDR-Sound 1).

Spirituelles EMDR
und die Schuldgefühle-lLl-Praktik© gleichzeitig

Bei der gleichzeitigen Anwendung von Spirituellem EMDR und der Schuldgefühle-lLl-Praktik© wird entsprechend den drei Stufen des spirituellen Weges parallel vorgegangen. Das heißt, während der Schritte 1-4 der Schuldgefühle-lLl-Praktik© wird Spirituelles EMDR auf der ersten Stufe durchgeführt. Schritt 5 der Schuldgefühle-lLl-Praktik© (Stufe zwei) entspricht dem Fließenden EMDR. Schritt 6 (Stufe drei) entspricht der EMDR-Manifestation. Die Schritte 7 und 8 der Schuldgefühle-lLl-Praktik© (weiterhin Stufe drei) passen entwicklungsmäßig zum Kraft-EMDR.

Beide spirituellen Methoden, Spirituelles EMDR und die Schuldgefühle-lLl-Praktik©, gehören zu den wirkungsvollsten, die es gibt. Schon für sich alleine genommen lösen sie sehr intensive spirituelle Entwicklungsprozesse aus, die verarbeitet werden müssen. Daher rate ich von einer zeitgleichen Eigendurchführung ab. Die parallele Anwendung von Spirituellem EMDR und der Schuldgefühle-lLl-Praktik© bedarf der erfahrenen Begleitung durch Bewusstseinscoaches der Am-Ziel-Erleuchtung©.

Wird diese Parallelität von Spirituellem EMDR und der Schuldgefühle-lLl-Praktik© fachkundig begleitet durchgeführt, ist auf Stufe eins (Schritte 1 bis 4) die bilaterale Musik der Strukturebene anzuwenden (EMDR-Sound 1). Auf den Stufen zwei und drei, das heißt, während der Schritte 5 bis 8 der Schuldgefühle-lLl-Praktik©, ist die bilaterale Musik der Liebesflussverbindung zu hören (EMDR-Sound 2).

Häufiger als so eine parallele Anwendung von Spirituellem EMDR und der Schuldgefühle-lLl-Praktik© jeweils als Basistechniken kommt es in der Praxis allerdings vor, dass nur die Schuldgefühle-lLl-Praktik© als Basistechnik genutzt wird und Spirituelles EMDR als spezielle spirituelle Methode für Einzelthemen hinzukommt. Es hängt dann vom Einzelfall ab, in welcher Form Spirituelles EMDR durchgeführt wird.

Kindern von etwa 8 bis 11 Jahren wird der gesunde Umgang mit Schuldgefühlen weniger methodisch als spielerisch, beispielsweise anhand der Märchen „Stiefmutter und weise Alte" und „Schneewittchen heilt die Königin", beigebracht.
https://www.am-ziel-erleuchtung.de/maerchen/
Die Eltern selber richten sich mit ihrer Anleitung aber dennoch nach der Schuldgefühle-lLl-Praktik©.

Wird parallel auditives EMDR durchgeführt (bitte die Kinder insgesamt nicht überfordern),
https://www.am-ziel-erleuchtung.de/auditive-emdr-therapie/
https://www.am-ziel-erleuchtung.de/indigokind-emdr-therapie/
ist die Auswahl des EMDR-Sounds 1, 2 oder 3 einzelfallabhängig.

Die Schuldgefühle-lLl-Praktik© zuerst

Für zarte Erwachsene mit weniger kräftiger Persönlichkeitsstruktur, insbesondere für New Age Seelen, ist die Reihenfolge zu empfehlen, zuerst die Schuldgefühle-lLl-Praktik© anzuwenden und anschließend Spirituelles EMDR.

Oftmals ergibt es sich dann aus den inhaltlichen Themen der Verarbeitung heraus, dass Spirituelles EMDR nach der Liebesflussverbindung (Schritte 7 und 8 der Schuldgefühle-lLl-Praktik©) als spezielle Technik durchgeführt wird. In diesem Fall ist die bilaterale Musik der Liebesflussverbindung (EMDR-Sound 2) zu verwenden.

Wird Spirituelles EMDR hingegen erst nach Abschluss der Schuldgefühle-lLl-Praktik© angewendet, ist die bilaterale Musik für den göttlichen Bewusstseinsanteil die Musik der Wahl (EMDR-Sound 3).

„Abschluss der Schuldgefühle-lLl-Praktik©" bedeutet wohlgemerkt, dass du in dem Buch „Schuldgefühle vollständig auflösen" bei der letzten Affirmation angekommen bist. Diese wird, in diesem Fall dann parallel zum Spirituellen EMDR, bis zur Am-Ziel-Erleuchtung© fortgesetzt.

Durch die Schuldgefühle-lLl-Praktik© und Spirituelles EMDR wird die göttlich-irdische Verbindung im transzendenten menschlichen Bewusstsein hergestellt.

Dieses ist dann noch in Hinblick auf die Seelenaufgabe für den Schwerpunkt „Veränderung" oder „Heilung" auszurichten. Wie das gemacht wird, beschreibe ich in Kapitel V „Liebesgestaltungen der Am-Ziel-Erleuchtung" von „Der vollständige spirituelle Weg".

Voraussetzungen für Spirituelles EMDR

Um EMDR in intensiver spiritueller Form eigenständig anzuwenden, solltest du dich schon mit Aufgeschlossenheit für spannende Erfahrungen, die weit über das normale Vorstellungsvermögen hinausgehen, einige Zeit auf dem spirituellen Weg befinden. Wenn du außerdem von dem Wunsch nach Authentizität, Liebe und Freude getragen wirst, kann dir Spirituelles EMDR eine wertvolle Hilfe sein.

Dabei ist zu beachten, dass alle spirituellen Methoden immer Chancen und Risiken gleichermaßen beinhalten, die durch den speziellen Wirkansatz der Verbindung bei EMDR allerdings besonders groß sind. Daher ist einerseits psychische Gesundheit Voraussetzung für Spirituelles EMDR, um andererseits aber auch umso positivere Wirkung zu erzielen. EMDR ist besonders hilfreich auf dem spirituelles Weg, aber nur wenn die ausgelösten psychischen Prozesse auch konstruktiv verarbeitet werden.

Von daher solltest du mindestens eine intensive EMDR-Sitzung therapeutisch begleitet erfahren haben, bevor du EMDR eigenständig – mit derselben

Achtsamkeit wie für andere spirituelle Methoden auch – anwendest. Dazu solltest du dir eine speziell in Spirituellem EMDR(AL) ausgebildete, erfahrene Therapeutin oder Therapeuten suchen.

Durch die große Wirkkraft von EMDR werden zwar mit der Standardmethode gute Ergebnisse in der Traumatherapie erzielt, aber durch die kurzen Sequenzen von ungefähr fünfundzwanzig bis fünfzig bilateral stimulierenden Bewegungen mit zwischendurch immer wieder Verankerung im Alltagsbewusstsein als Pausen werden wertvolle spirituelle Möglichkeiten verschenkt.

Des Weiteren solltest du vor deiner ersten EMDR-Sitzung speziell die Verarbeitung von Gefühlen gelernt haben. Im übernächsten Abschnitt gebe ich dir dazu ein paar allgemeine Hinweise. Für manche Menschen reichen diese Erklärungen vielleicht schon aus, andere müssen den Umgang mit ihren Gefühlen erst noch konkret üben; das hängt von der jeweiligen Persönlichkeitsstruktur ab.

Und damit wären wir beim wichtigsten Punkt, weswegen ich mich mit diesem Leitfaden nur an meine fortgeschrittenen Schülerinnen und Schüler wende. Der Einstieg in Spirituelles EMDR sollte auf den richtigen Entwicklungszeitpunkt und auf die individuelle Persönlichkeitsstruktur abgestimmt sein. Das ist ohne entsprechende Erfahrung kaum zu beurteilen. Trotzdem werde ich dir auch dazu im nächsten Abschnitt ein paar allgemeine Hinweise geben, damit du deine Situation besser einschätzen kannst.

Manchmal sind zum Beispiel zunächst andere Methoden anzuwenden, um erst dann die optimale Wirkung mit EMDR zu erzielen oder EMDR ist aus unterschiedlichsten Gründen besser sukzessive einzuführen. Hinzu kommt, dass man mit Unterstützung durch eine in Spirituellem EMDR(AL) ausgebildete Therapeutin oder Therapeuten nicht so leicht unbewusst an schwierigen Stellen ausweichen kann.

Auch macht es auf der ersten Stufe (Heilung der inneren Familie) einen Unterschied, ob visuelles, auditives oder taktiles EMDR oder eine Kombination daraus angewendet wird. Erst bei der Eigenanwendung im zweiten Schritt sind immer alle drei Formen von EMDR zusammen durchzuführen.

Das klingt jetzt, als wenn die Voraussetzungen für Spirituelles EMDR so furchtbar kompliziert sind, dass kaum jemand es anwenden darf. Doch wäre das schade, denn dafür ist Spirituelles EMDR eine viel zu wertvolle Methode. Stattdessen geht es um einen verantwortungsvollen Umgang mit Spirituellem EMDR.

Genauso wie konventionelles EMDR zunächst therapeutisch erlernt wird und Meditation aus spirituellem Hintergrund heraus vermittelt wird, nehmen auch Spirituelles EMDR(AL) und die Schuldgefühle löschen – Liebe leben –

Verfahrensweise© ihren sehr wertvollen therapeutischen und fundamental wichtigen spirituellen Platz ein. Diese beiden Methoden führen ins neue Zeitalter.

Der Vollständigkeitshalber möchte ich dich auch noch ganz allgemein auf die Kontraindikationen von jeglichem EMDR, egal ob konventionell oder spirituell, hinweisen: Bei Psychosen jeglicher Form jetzt oder in der Vergangenheit, schweren Persönlichkeitsstörungen, schweren affektiven Störungen, starker psychischer Instabilität, Suizidgefährdung, Epilepsie, starkem Bluthochdruck, Aneurismen, Herzkrankheiten, Gefäßerkrankungen, schweren akuten oder chronischen Erkrankungen und fortgesetzt traumatisierender Lebenssituation, wie beispielsweise andauernde häusliche Gewalt, darf EMDR nicht angewendet werden. Außerdem sollte natürlich bei Augenkrankheiten auf visuelles EMDR verzichtet oder zumindest der Rat eines Augenarztes eingeholt werden.

Wenn ich dir im nächsten Kapitel Spirituelles EMDR auf der zweiten Stufe zur Eigenanwendung erkläre, gehe ich also davon aus, dass dir psychische Prozesse, die Verarbeitung von Gefühlen und EMDR auf der ersten Stufe in visueller, auditiver und taktiler Form vertraut sind und keine Kontraindikationen vorliegen.

Einstieg in EMDR auf der ersten Stufe

Auf der ersten Stufe deines spirituellen Weges (Heilung der inneren Familie) macht EMDR, einmal abgesehen von den Kontraindikationen, nicht zu jedem Zeitpunkt auch für jede Persönlichkeitsstruktur Sinn. Wobei sich die jeweilige Persönlichkeitsstruktur aus der Gesundheit und Kombination der inneren Familienmitglieder sowie ihrem Umgang untereinander ergibt. So kann eine Persönlichkeitsstruktur beispielsweise mehr oder weniger ausgeglichen, eher fragil oder stabil und mehr gefühlsverbunden oder kopfbetont sein.

So gut wie immer kann EMDR bei der Verarbeitung von nicht allzu lange zurückliegenden, noch in der Erinnerung zugänglichen Einzeltraumata angewendet werden. Diese Erfahrung kann zugleich der Einstieg in die weitere Eigenanwendung von Spirituellem EMDR sein, wenn eine stabile Persönlichkeitsstruktur mit guter Verbindung zu den eigenen Gefühlen gegeben ist.

Je weiter allerdings das Trauma oder die Traumata in der Vergangenheit zurückliegen und je länger der traumatisierende Zeitraum andauerte, umso mehr hat es die gesamte Persönlichkeit geprägt, sodass es dann vor allem auf die Persönlichkeitsstruktur ankommt, wann Spirituelles EMDR sinnvoll ist.

Grundsätzlich kann Spirituelles EMDR bei Menschen mit einigermaßen stabiler Persönlichkeitsstruktur und zugleich einigermaßen gutem Zugang zu Gefühlen angewendet werden. Wohlgemerkt geht es nur um eine stabile, nicht auch um eine gesunde Persönlichkeitsstruktur. So ist beispielsweise zwanghaftes Verhalten kein Hindernis.

Während eines besonders intensiven EMDR-Prozesses wird vorübergehend die Persönlichkeitsstruktur destabilisiert, um sie von innen heraus neu zu organisieren. Bei psychotischen Menschen kann deren fragile Persönlichkeitsstruktur dadurch geschädigt werden, weswegen ihnen vor der Anwendung von Spirituellem EMDR eine stabilisierende Psychotherapie zu empfehlen ist. Alle anderen Menschen mit stabiler Ausgangspersönlichkeit haben die natürliche und zuverlässige Tendenz, dass sich ihre Struktur neu stabilisieren wird.

Zugleich muss aber auch eine ausreichende Gefühlsbasis vorhanden sein, weil sie den Anknüpfungspunkt für EMDR bildet und während des Heilungsprozesses Halt gibt. Zwar solltest du bei intensiven EMDR-Prozessen immer mit starken Gefühlsschwankungen auch noch bis zu einem halben Jahr im Nachhinein rechnen, aber es ist trotzdem vorübergehend die Basis, über die du dann funktionierst.

Dauerangst zählt übrigens nicht als Gefühlsbasis für Spirituelles EMDR, Traurigkeit schon eher. Am besten ist ein gewisser Gefühlsreichtum, auch wenn die unangenehmen Gefühle überwiegen mögen.

Überwiegend manische Gefühle ohne gleichintensive depressive Phasen dazwischen sind hingegen wiederum bedenklich.

Hat ein Mensch den Zugang zu seinen Gefühlen – welcher über das innere Kind und die innere Frau erfolgt – weitgehend verloren, sind erst das innere Kind und/oder die innere Frau zu vervollständigen und hinreichend zu heilen. Du solltest dann vor der Anwendung von EMDR eine Innere-Kind- und/oder Innere-Frau-Psychotherapie machen.

Sind die Voraussetzungen einer hinreichend stabilen Persönlichkeitsstruktur mit hinreichend gutem Gefühlszugang gegeben, kannst du grundsätzlich Spirituelles EMDR anwenden. In welcher Dosis und ob visuell, auditiv, mit tappen oder einer Kombination daraus, hängt vom Einzelfall ab.

Überwiegt eine eher männliche Persönlichkeitsstruktur (das ist durchaus auch bei Frauen möglich) den Gefühlsanteil, der aber trotzdem vorhanden sein muss, ist auditives EMDR besonders unterstützend. Bei emotionalen Verletzungen im frühen Kindesalter ist tappen zu empfehlen. Besonders intensive Wirkung erzielt visuelles EMDR. Und bei einigermaßen guten psychischen Voraussetzungen kann auch gleich alles drei zusammen angewendet werden.

Zu welchem psychischen Entwicklungszeitpunkt ist der Einstieg in Spirituelles EMDR am günstigsten? Wenn nicht wie zuvor beschrieben Einzeltraumata vorliegen, kann Spirituelles EMDR gut den schon fortgeschrittenen Verlauf therapeutischer Gefühlsarbeit unterstützen.

EMDR kann beispielsweise eine zum Abschluss kommende Innere-Kind-Heilung fortsetzen. In einzelnen Fällen kann EMDR aber auch hilfreich sein, um überhaupt erst einmal Zugang zum inneren Kind zu schaffen, wenn nur die Gefühle der inneren Frau zugänglich sind. Ganz ohne Zugang zu Gefühlen ist EMDR hingegen nicht anzuwenden.

Auch bei regelmäßigem Wechsel zwischen Inneren-Mann- und Inneren-Frau-Persönlichkeitsanteilen mit entsprechenden Verstandes- und Gefühlsphasen ist Spirituelles EMDR besonders gut geeignet. Es ist dann während der Gefühlsphasen anzuwenden.

Bei schon weitgehend vollständiger und tendenziell ausgewogener Psyche, kann Spirituelles EMDR außerdem von Anfang an zur spirituellen Entwicklung eingesetzt werden und dabei allgemeine Heilungs- und Reinigungsprozesse auslösen.

Nach einem sehr intensiven ersten Spirituellen EMDR-Termin ist regelmäßig mit Spirituellem EMDR zunächst eine Pause zu machen und erst einmal zu verarbeiten; lediglich in Einzelfällen mit starkem Inneren-Mann-Anteil zusätzlich zur inneren Frau ist der Prozess (insbesondere nach zwei bis drei Monaten) durch weiteres Spirituelles EMDR zu unterstützen.

Die spirituellen Basistechniken mit den unterschiedlichen Schwerpunkten Bewusstsein, Energien und Verbindung ergänzen sich grundsätzlich, haben aber unterschiedliche Zielsetzungen, sodass sie eher nicht gleichzeitig angewendet werden sollten. Beispielsweise wirkt Meditation tendenziell auf den göttlichen Bewusstseinsanteil, Chakrenreinigung auf die feinstofflichen Energiekörper und Spirituelles EMDR in heilend verbindender Form auf die Gefühle, auch wenn die Übergänge natürlich fließend sind.

Verarbeitung von Gefühlen

Vorweg möchte ich dir an dieser Stelle gerne erst einmal den Hinweis geben, dass die meisten Menschen zumindest mit einigen Gefühlen doch soweit blockiert sind, dass du dich gegebenenfalls nicht scheuen solltest, therapeutische Hilfe in Anspruch zu nehmen. Auch wenn du nicht „psychisch krank" bist, kannst du es dir durch professionelle Unterstützung auf deinem spirituellen Weg dadurch deutlich leichter machen. Ich empfehle dir jemanden, der in der psychischen inneren Familie(AL) ausgebildet ist, da die kassenärztlich bezahlten Psychotherapiemethoden keine Verarbeitung von Gefühlen beinhalten.

Zu den häufigsten in psychischen Prozessen auftretenden Gefühlen gehören Traurigkeit, Angst, Verzweiflung, Schuldgefühle und Wut. Für alle Gefühle gilt immer, sie zuzulassen und in unschädlicher Form auszuleben. Sie alle hatten ursprünglich ihren Grund und müssen jetzt geheilt werden, um durch sie hindurch zu den göttlich-schönen Gefühlen zu kommen.

Bei den sogenannten spirituellen Gipfelerlebnissen gelingt es zwar manchmal für kurze Zeit, an verdrängten Gefühlen vorbei das Göttliche zu erfahren, aber solange die Altlasten nicht durch Heilung aufgelöst sind, bleibt der göttliche Zustand nur ein unvollständiger Ausschnitt und instabil.

Der in esoterischen Kreisen weit verbreitete Ansatz, nur positive Gedanken und Gefühle zuzulassen und vermeintlich negative beiseite zu schieben, ist falsch, weil er zu Verdrängung führt. Damit ist allerdings nun auch wieder nicht gemeint, an negativen karmischen Gedankenstrukturen festzuhalten. Stattdessen geht es darum, die unangenehmen – aber natürlichen – ursprünglichen Gefühle wieder zuzulassen.

Die ursprüngliche Verletzung, in deren Folge das unangenehme Gefühl zur verdrängten Altlast wurde, stammt – mit Ausnahme der Schuldgefühle – häufig aus der Kindheit. Die Ursachen für Schuldgefühle hingegen sind über einen möglichen Ursprung in der Kindheit hinaus so vielfältig und häufig karmisch, dass es für Schuldgefühle keine allgemeinen Hinweise zur Verarbeitung gibt. Stattdessen ist die Schuldgefühle löschen – Liebe leben – Verfahrensweise© die einzige mir bekannte Methode, welche Schuldgefühle wirklich auflösen kann.

Alle anderen zuvor aufgezählten Gefühle werden überwiegend über das innere Kind geheilt. Dabei geht es nicht darum, den Eltern einen Vorwurf zu machen, denn die meisten Eltern werden ihr Bestes gegeben haben. Doch auch bei einer glücklichen Kindheit gibt es keine Eltern, die alles – noch dazu aus der Wahrnehmung des Kindes heraus – richtig gemacht haben können.

Die menschliche Persönlichkeitsstruktur als solche ist unvollständig und daher gibt es gar keine perfekten Eltern. Dennoch haben die meisten viel Gutes weitergegeben und das soll auch anerkannt werden. Hier geht es jetzt aber darum, deine gespeicherten Defizite aus der Kindheit, die vielleicht auch durch das damalige sonstige Umfeld entstanden sind, zu heilen.

Bitte denkt daran, dass ich in einem Ratgeber immer nur allgemeine Hinweise geben kann, sodass im individuellen Einzelfall verletzte Gefühle natürlich durchaus auch einen anderen Ursprung haben können und einer anderen Form der Heilung bedürfen. Die überwiegende Form alter Verletzungen lässt sich aber über das innere Kind heilen. Sollte es dir nicht gelingen, positiven Kontakt zu deinem inneren Kind herzustellen, kann das ein Hinweis darauf sein, dir besser therapeutische Unterstützung zu holen.

Wie ist bei der Inneren-Kind-Heilung vorzugehen? Wenn durch das Spirituelle EMDR ausgelöst anschließend alte Gefühle in dir aufsteigen, ziehe dich bitte an einen geschützten Ort zurück. Sollte das nicht sofort möglich sein, kannst du dein inneres Kind auch auf später vertrösten, musst dieses Versprechen dann aber unbedingt einhalten. Das heißt, noch am selben Tag oder spätestens am nächsten Morgen kümmerst du dich wie versprochen eine halbe bis dreiviertel Stunde lang liebevoll um dein inneres Kind.

Bei Traurigkeit und Verzweiflung lasse deinen Tränen freien Lauf und gib dir körperliche Geborgenheit, beispielsweise durch eine Kuscheldecke oder Rückzug ins Bett, vielleicht auch mit einem Kuscheltier oder einer Puppe im Arm.

Währenddessen grüble bitte nicht über irgendetwas nach oder verurteile dich gar für deine Unausgeglichenheit (sie gehört zum Heilungsprozess!), sondern tröste dein inneres Kind. Lasse gegebenenfalls Vorwürfe über die Schlechtigkeit der Menschheit oder der eigenen Person wie in einer Meditation einfach als oberflächliche Gedanken vorbeiziehen und kümmere dich stattdessen mit folgenden liebevollen Trostworten um dein inneres Kind:

Ich bin bei dir.

Ich habe dich lieb.

Mehr brauchen Kinder nicht, um sich geborgen und getröstet zu fühlen. Der Satz „~~Es ist nicht so schlimm.~~" ist allerdings tabu, denn damit nimmst du deinem Kind seine Wahrheit weg. Für dein inneres Kind ist es schlimm, denn sonst würde es nicht weinen.

Zusätzlich empfehle ich dir, emotional über die Musikstücke „Songs for the Inner Child"[14] gezielt dein inneres Kind zu trösten. Die dreiviertel Stunde der Musikstücke ist ein guter zeitlicher Rahmen für einen Heilungsdurchgang.

Steigt in der Nachwirkung des Spirituellen EMDRs Angst in dir auf, tröstest du genauso wie bei Traurigkeit und Verzweiflung dein inneres Kind mit der Inner-Child-Musik, durch Einkuscheln und mit Trostworten. Darüber hinaus kommt dann noch der folgende Satz

„Ich beschütze dich."

hinzu. Es ist sehr wichtig, dass du immer alle drei Bereiche:

- Körper durch Einkuscheln,
- Gedanken durch Trostworte und
- Gefühle durch „Songs for the Inner Child"

gleichermaßen einbeziehst.

Visualisierungen zum inneren Kind, wie sie beispielsweise auf YouTube und auch sonst im Internet verbreitet sind, können ein erster Einstieg zur Beschäftigung mit deinem inneren Kind sein, bevor du mit Spirituellem EMDR beginnst.

Allerdings ersetzen Visualisierungen keine therapeutische Innere-Kind-Arbeit und sind auch spirituell nicht ausreichend zur vollständigen Heilung deines inneren Kindes. Der Grund dafür ist, dass Visualisierungen über den Mentalkörper wirken, während die ursprüngliche Verletzung vorrangig im

Emotionalkörper stattgefunden hat und im physischen Körper gespeichert ist. Zur Verarbeitung aufsteigender Gefühle nach Spirituellem EMDR sind Visualisierungen daher nicht geeignet.

Steigt in dir als Nachwirkung von Spirituellem EMDR Wut auf, ist die Heilung etwas komplexer, weil die Menschen recht unterschiedliche Muster entwickeln, um mit Wut umzugehen. Außerdem ist zwischen der ursprünglichen Kinderwut und der späteren Erwachsenenwut auch noch zu unterscheiden. Mit den folgenden Basisinformationen kannst du aber trotzdem schon weiterkommen.

Bei Wut ist es ebenso wie für die anderen Emotionen wichtig, das Gefühl zu und die Energie abfließen zu lassen. Wut ist eine wichtige Kraft, die du für dein Leben, beispielsweise als Basis für eine gesunde Abgrenzung, brauchst. Für die Heilung ist es dabei wichtig, zunächst an den ursprünglichen kindlichen Wutimpuls zu kommen, der sich erst mit zunehmendem Alter dann zu konstruktiver und flexibler Erwachsenenabgrenzung weiterentwickelt.

Wenn der ursprüngliche kindliche Wutimpuls aufgrund von alten Verletzungen nicht mehr wahrgenommen wird, hat das häufig zur Folge, dass sich jemand entweder gar nicht mehr abzugrenzen traut, vielleicht noch nicht einmal weiß, wie es geht, oder über diese psychische Lücke hinweg in eine Erwachsenen-

„Vernichtungsenergie" springt und dadurch in Alltagssituationen überreagiert.

So kann es beispielsweise sein, dass sich jemand in einem Stau stehend so hilflos fühlt wie damals in der Kindheit, als sie/er verletzt wurde und jetzt lieber alle anderen Autofahrerinnen und Autofahrer für ihr vermeintlich unfähiges Fahrverhalten beschimpft, als an den alten Schmerz erinnert zu werden. Diese Wut auf die anderen Autofahrerinnen und Autofahrer hat dann nichts mit natürlicher Wut zu tun, die im kindlichen Wutimpuls ihren Ursprung hat, sondern ist lediglich eine Abwehrüberreaktion.

Um gezielt die ursprüngliche Kinderwut zu erreichen, kann ich dir das Wut-Lied der CD aus dem Buch „Mit Kindern Gefühle entdecken"[15] empfehlen. Wenn du das Lied als „zu harmlos" empfindest, liegt es daran, dass es nicht der Erwachsenenwut entspricht, sondern Kinderwut ausdrückt.

Außerdem solltest du die Wut für dich selber, andere und deine Umgebung ungefährlich ausagieren. Ich mache dir dazu ein paar Vorschläge, bei denen es völlig ausreicht, wenn dich eine oder zwei Möglichkeiten davon ansprechen. Du könntest beispielsweise in ein Kissen schreien, in die Luft schlagen oder treten beziehungsweise gegen einen Punchingball, Werbung zerreißen, ein Handtuch würgen oder mit einem Handtuch auf eine Couch einschlagen sowie Eiswürfel auf den Boden werfen.

In deinen Gedanken solltest du dir erlauben, wütend zu sein, aber bitte nicht auf dich selber, sondern auf die Verursacherin oder den Verursacher. Erinnerst du die verursachende Person nicht mehr oder ist die Hemmung, wütend auf sie zu sein, zu groß, denke einfach mitfühlend mit deinem inneren Kind: „Ja, du hast allen Grund wütend zu sein!" oder „Du darfst wütend sein, denn das war wirklich gemein dir gegenüber!". Aber vielleicht denkst du bei Wut auch gar nichts, das ist ebenfalls in Ordnung.

Fallbeispiel 1

An dieser Stelle möchte ich dir jetzt gerne anhand von einer Klientin beschreiben, wie so eine erste Spirituelle EMDR-Erfahrung aussehen kann. Dabei ist regelmäßig davon auszugehen, dass die erstmalige Anwendung von EMDR eine besonders intensive Wirkung zeigt. Dieses Beispiel habe ich ausgewählt, weil eine Nahtoderfahrung die spirituelle Dimension besonders deutlich macht.

Katja M., eine junge Frau Anfang dreißig, suchte mich in meiner Praxis wegen Panikattacken auf. Hinzu kamen Atemprobleme, Herzrasen und Bluthochdruck[1],

---

[1] Herzrasen und Bluthochdruck gehören zu den Kontraindikationen für EMDR. Bei ihr trat beides aber in so direktem Zusammenhang erst seit ihren Panikattacken auf, dass die psychische Ursache offensichtlich war. Zudem stand sie unter enger ärztlicher Betreuung, sodass sie EMDR trotzdem durchführen wollte.

gegen den sie inzwischen Betablocker nahm. Auch war sie als Polizistin schon mehrere Wochen krankgeschrieben, obwohl es ihr Wunschberuf war und der Dienst ihr bis dahin viel Spaß gebracht hatte.

Sie wirkte auf mich selbstbewusst und stark, zeigte zugleich aber auch Empathie und hohe Sozialkompetenz. Mit stabiler Persönlichkeitsstruktur und in positivem Lebensumfeld entsprach sie damit so gar nicht einer Panikattacken-Persönlichkeit.

Berufsbedingt sind bei Polizistinnen und Polizisten zwar Posttraumatische Belastungsstörungen wahrscheinlicher als bei anderen Menschen, aber irgendwelche besonderen beruflichen Vorfälle hatte es bei meiner Klientin nicht gegeben.

Panikattacken bekommen üblicherweise eher besonders offene Personen mit Abgrenzungsschwierigkeiten, die meine Klientin nicht hatte. Meine Anregung, ihr Verhältnis von Verantwortung zu Entspannung in ihrem Leben ausgewogener zu gestalten, konnte Katja sofort umsetzen und den heilenden Umgang mit ihren Gefühlen lernte sie sehr schnell. Woher kamen also die Panikattacken?

Ich fragte immer weiter nach irgendwelchen Vorfällen in ihrer Vergangenheit wie beispielsweise nach Krankenhausaufenthalten, Verlusten und Unfällen, eventuell auch so frühkindlich oder tief verdrängt, dass sie vielleicht eher ihrer Mutter einfallen könnten. Schließlich erzählte sie mir fast nebenbei davon, dass sie mit ungefähr siebzehn Jahren einen Autounfall gehabt hatte, bei dem sie fast gestorben wäre. Aber ihre Freunde und sie wären wie durch ein Wunder unverletzt geblieben und deswegen hätte sie dem keine weitere Bedeutung mehr beigemessen.

Nun, sie hatte körperlich überlebt und psychisch so erfolgreich verdrängen können, dass sie viele Jahre lang keine Symptome zeigte, aber jetzt brach die noch in ihr gespeicherte Todesangst von damals in Form von Panikattacken durch. Es erklärte auch ihre spezielle Angstanfälligkeit im Auto und ihre Schwierigkeit, frei zu atmen. Sie hatte den zuschnürenden Druck des Sicherheitsgurtes noch in ihrem Körper gespeichert. Hinzu kamen außerdem noch ein paar weitere Unfälle mit ähnlichem Grundmuster.

Ich führte mit ihr zunächst eine gut zweieinhalbstündige erste Spirituelle EMDR-Intensivsitzung durch, bei der wir nur den einen Autounfall mit visuellem EMDR bearbeiteten. Es war eine so tiefsitzend traumatische und viele Jahre verdrängte Erfahrung gewesen, dass wir uns ihr wie bei einer Zwiebel mit mehreren Schichten in zwei intensiven Spirituellen EMDR-Terminen näherten.

Wir führten am ersten Termin drei sehr lange Sequenzen durch, zwischen denen wir jeweils ihre noch im Körper gespeicherte Angst abcheckten und die Intensität ihrer Gefühle auf einer Skala von eins bis zehn überprüften. Eine Unterscheidung zwischen damaligen und jetzigen Gefühlen nehme ich dabei nicht vor, weil ich meine Klientinnen und Klienten sich mit der damaligen Situation durchgängig identifizieren lasse.

Während der Sequenzen sollte Katja immer wieder in allen Einzelheiten von ihrem Autounfall erzählen. Dabei forderte ich sie auf, sich über alle Sinneskanäle zu erinnern, fragte also ständig speziell nach Gerüchen, Geräuschen und körperlichen Empfindungen sowie nach ihren Gefühlen.

Wir setzten bei dem Moment an, wo sie noch fröhlich mit ihren Freunden unterwegs gewesen war. Schon da zeigten sich erste Erinnerungslücken, die sich im wiederholten Erzählen dann aber allmählich schlossen.

Den kritischen Moment, wo nur sie als Einzige von ihnen und innerlich erstarrend das blinkende Bahnsignal wahrnahm, ließ ich sie so oft wiederholen, bis diese Erinnerung ihre emotionale Aufladung verlor. Dann folgten der auf sie zurasende Zug, die überdimensional großen Poller, der Ruck des Aufpralls und das Geräusch des splitternden Glases, immer wieder erzählt und von mir erneut in die Todesangst hineingeführt.

Gleichzeitig achtete ich darauf, dass sie durchgängig weiter mit ihren Augen meinem Stift folgte und durch die Nase ein und den Mund aus in ihren Brustkorb hineinatmete. Zwischendurch ließ ich sie auch genau wie damals im Schreckensmoment ihren Atem anhalten, um ihn dann wieder bewusst fließen zu lassen. Ich ließ sie ebenfalls wie damals hilflos ausrufen und ermutigte sie, intensiv ihre Gefühle zu zeigen. Sie ließ sich sehr mutig voll darauf ein.

Als Nächstes dann erinnerte sie den Unfall als ein Nahtodeserlebnis, welches sie erst nachträglich durch die EMDR-Bearbeitung in seiner spirituellen Bedeutung erkannte. Sie erinnerte den Gedanken „Das war's jetzt.", erlebte einen Lebensrückblick, der vor allem das Bedauern enthielt, dass es schon vorbei sein sollte und flog durch einen Tunnel hinein in ein weißes, weiches Gefühl, in dem sie Frieden fand.

Dieses weiße, weiche Gefühl ist unser göttliches Selbst. Ich ermutigte sie dazu, es noch intensiver zu erinnern und erneut zu fühlen, um ihren göttlichen Zugang als nunmehr bewusste stabile Basis in ihr zu verankern. Diese transzendente Erfahrung zu integrieren, kann ihr Leben dauerhaft bereichern.

Anschließend bearbeiteten wir intensiv ihren Zustand, kopfüber im Auto zu hängen und den Gurtdruck auf ihre Brust zu fühlen, durch den sie nur noch schwer atmen konnte. Dabei erleichterte sie bereits die Erkenntnis, eine so offensichtliche Ursache für ihre späteren Atemprobleme zu haben.

Schließlich ließ ich sie den Gesamtablauf von der fröhlichen Ausgangsstimmung bis hin zu ihrer Rettung so oft wiederholen, bis der Unfall seine emotionale Aufladung verlor und sie erschöpft und müde wurde.

Vier Tage später führten wir dann noch eine zweite intensive Spirituelle EMDR-Sitzung wieder von etwa zweieinhalb Stunden durch, die aber ein längeres Vorgespräch miteinschloss. Darin erzählte Katja mir, dass sie die erste Sitzung sehr gut vor allem durch viel Schlaf verarbeitet hatte und sich schon viel besser fühlen würde. Allerdings hätte sie sich schon sehr überwinden müssen, noch zu diesem zweiten Termin zu kommen und sich nochmals dem damaligen Trauma zu stellen.

Diesmal führten wir das Spirituelle EMDR visuell, auditiv und mit Tappen der Füße gleichzeitig durch. Wieder erzählte sie von ihrem Autounfall und war überrascht, dass durch diese erweiterte Spirituelle EMDR-Anwendung tatsächlich nochmals wieder intensive Gefühle bei ihr ausgelöst und verarbeitet wurden. Außerdem gingen wir diesmal auch noch ihre anderen Unfälle mit durch, bis sie sich emotional abreagiert hatte und erneut müde und erschöpft war.

In den nächsten Tagen schlief sie viel, hatte starke Gefühlsschwankungen, keine Atemprobleme mehr und war ihre Angst losgeworden. Allerdings braucht es nach einem so intensiven Spirituellen EMDR-Prozess wie bei ihrem bis zu einem halben Jahr, bis sich die Psyche auf neuem Niveau dauerhaft positiv stabilisiert hat. Bis dahin kommt es zwischendurch immer wieder zu starken Gefühlsschwankungen (die von unangenehmsten Gefühlen bis hin zu

Transzendenzerlebnissen reichen können) bei insgesamt heilender Entwicklung. Für Katja hat es ausgereicht, mich zu fünf weiteren unterstützenden Einzelstunden aufzusuchen, weil sie insgesamt gut mit ihrer Verarbeitung zurechtkam.

Ihren langfristig positiven Verlauf kann man vor allem an folgenden Zwischenerfolgen erkennen. So erhielt ich etwa einen Monat nach dem Spirituellen EMDR folgende E-Mail von ihr: „ *Liebe Ayleen, ... Ich habe heute meinen dritten Arbeitstag überstanden und bin sowohl gestern als auch heute mit dem Auto gefahren und bin stolz auf mich wie Bolle, weil das einfach nur super geklappt hat − juhu!!!! ... Trotz der immer noch grausigen Nächte geht es aber weiter vorwärts und ich höre schon häufiger den Satz „deine freche Art kommt langsam zurück"! ... Ich danke dir für deine einfühlsame Begleitung während des schwersten Kampfes meines Lebens! Fühl dich ganz herzlich gedrückt!!! Viele liebe Grüße Katja* "

Etwa drei Monate nach dem Spirituellen EMDR konnte sie ihre Medikamente absetzen, was vorübergehend nochmals wieder heftige Gefühlsschwankungen auslöste. Nach insgesamt einem halben Jahr hat sie mir dann rückblickend geschrieben, dass sich ihr Zustand auch insgesamt verbessert hat, sie seit dem Spirituellen EMDR keine Panikattacken mehr hatte und besonders schnell aus ihrer ursprünglichen Krise herausgekommen ist. Außerdem ist sie viel entspannter geworden und genehmigt sich mehr Freizeit.

Endgültig abgeschlossen hat sie die Verarbeitung nach einem dreiviertel Jahr: „ ... *Mir geht es tatsächlich sehr viel besser! ... Deine Katja*". Wir sind auch weiterhin in freundschaftlichem Kontakt.

Ich freue mich über ihren Zugewinn an Lebensqualität sehr mit und gehe davon aus, dass sie nach dieser Auflösung ihres Traumas und mit der tiefen Erfahrung psychischer Prozesse ganz sicher eine besonders gute Polizistin in ihrer angestrebten höheren Position sein wird. Dazu wünsche ich ihr alles Gute. Sollte sie sich irgendwann vielleicht für den spirituellen Weg entscheiden, hat sie Spirituelles EMDR so intensiv erfahren, dass sie es jederzeit in spiritueller Eigenanwendung fortsetzen kann.

Kapitel III: Transzendenz

Als zweite Stufe auf dem spirituellen Weg geht es nun um den Wechsel von der irdischen Strukturebene in die göttliche Ganzheit. Vielleicht hast du sie schon vorübergehend als sich verströmende Liebe, wohltuende Freude, innere Glückseligkeit, ein Gefühl tiefer Harmonie oder überwältigende Ekstase erfahren. Jetzt geht es darum, dauerhaft in der Einheit anzukommen; sich innerlich mit der Ganzheit zu identifizieren und dadurch die göttliche Basis nie mehr zu verlieren.

Im Folgenden stelle ich dir zunächst Spirituelles EMDR in fließender Form als Technik vor. Ich empfehle dir, Spirituelles EMDR genauso regelmäßig wie beispielsweise Meditation anzuwenden, also am besten täglich.

Zu den Spirituellen EMDR-Techniken ab diesem Kapitel habe ich außerdem veranschaulichend ein Begleitvideo bei YouTube für euch eingestellt. https://www.youtube.com/watch?v=ZxbMWYSn5jk

Schließlich habe ich dann wieder einen Fall aus meiner Praxis für dich.

Fließendes EMDR

Methodisch vorgehend kann dich Spirituelles EMDR bei deinem Wechsel in die Transzendenz unterstützen, wenn du es als Eigen-EMDR in fließender Form einsetzt. Ich bezeichne es gerne als Fließendes EMDR, weil es auf den Fluss ankommt, mit dem du dich ins Ganze einschwingst. Gemeint ist damit, dass du deine Bewegungen an der wellenförmigen Monotonie des auditiven EMDR orientierst. Das heißt, du stimmst die Geschwindigkeit deines Fingers ebenso wie das Tappen deiner Füße auf das Tempo der bilateralen Musik ab.

Ausgangspunkt ist also das auditive EMDR mit bilateraler Musik. Speziell die im ersten Kapitel empfohlenen Musikstücke sind für das Fließende EMDR besonders gut geeignet, weil man in der bilateralen Monotonie gleichmäßige, wellenförmige Schwingungen wahrnehmen kann und auf diese gilt es, sich ganz und gar mit rhythmischem Tappen der Füße und gleichmäßiger Bewegung des eigenen Fingers einzuschwingen. Dabei ist darauf zu achten, dass die Bewegung des Fingers das Eckige der Dualität aufgibt und fließende, abgerundete Bewegungen zeichnet.

Führe außerdem deinen Finger ruhig so dicht vor deinem Gesicht, dass du deinen Oberarm zwischendurch am Oberkörper anlehnen kannst, damit es nicht zu anstrengend für deinen Arm wird. Trotzdem sollte dein Bewegungsradius aber so weit bleiben, dass sich deine Augen auch weiterhin bis in die Augenwinkel hineinbewegen.

Ich empfehle dir, möglichst durchgängig nur deinen einen Arm zu benutzen und zwar möglichst den deiner psychisch schwächeren Seite, sodass diese zusätzlich speziell aktiviert wird. Bist du also ein rationaler Mensch, benutze deinen linken Arm und wenn du ein emotionaler Mensch bist, deinen rechten Arm.

Auch dein Atem sollte gleichmäßig fließen. Wenn es sich von alleine ergibt, kann er – muss aber nicht – den Rhythmus deiner Bewegungen aufnehmen. Wichtig ist nur, dass du entspannt und regelmäßig atmest. Solltest du merken, dass dein Atem flach wird oder du ihn sogar anhältst, hilft es, vorübergehend bewusst durch die Nase ein und durch den Mund aus in den Herzbereich hinein zu atmen.

Es sind dann mit dem Finger vor deinen Augen folgende Bewegungsmuster in Grafik 3 zu zeichnen. Wobei auch die Übergänge fließend und im gleichmäßigen Rhythmus bleiben sollen. Worum es in erster Linie bei dem Fließenden EMDR geht, ist, sich in die Schwingung des Ganzen fallen zu lassen. Atome schwingen, Töne erzeugen Schwingungen, die Natur unterliegt regelmäßigen Zyklen usw. Es geht darum, das Gefühl zu finden, mit dem gesamten schwingenden Universum eins zu sein.

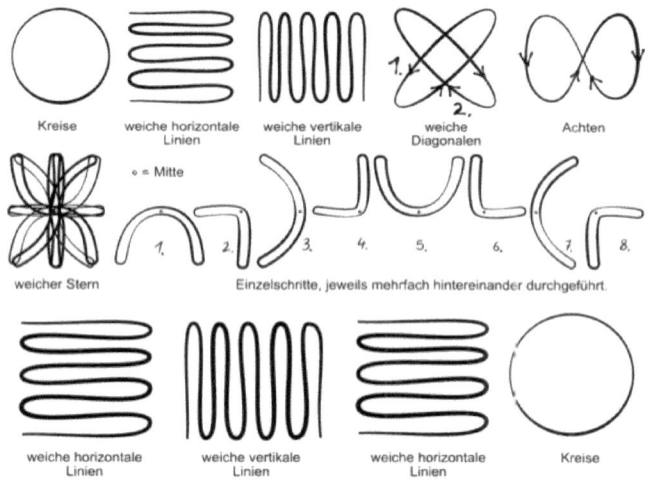

Grafik 3: Bewegungsmuster für Fließendes EMDR

Alle Bewegungsmuster aus der Grafik 3 sind jeweils mehrfach hintereinander auszuführen, bevor du zur nächsten Form wechselst. Dabei sind die weichen Diagonalen abgerundete Linien, auch wenn ich sie zum besseren Erkennen ein wenig ovaler gezeichnet habe. Es ist dabei erst mehrfach die erste und dann ebenso mehrfach die zweite Diagonale durchzuführen.

Die Pfeile geben die Bewegungsrichtung deines Fingers an, welche insbesondere bei den Achten wichtig ist, weil sie dem Aufsteigen der Kundalini, der göttlichen Energie im Menschen, entspricht.

New Age Seelen zeichnen die Achten allerdings anders herum, um irdisch anzukommen. Auch diejenigen, die den Schritt 5 der Schuldgefühle-lLl-Methode© erreicht haben, führen die Achten anders herum in der Mitte nach unten, weil dies dem verbundenen Liebesfluss entspricht.

Der weiche Stern aus der zweiten Zeile wird in den daneben aufgeführten acht Einzelschritten durchgeführt, wobei auch da jeder Einzelschritt zunächst mehrfach wiederholt wird, bevor du zum nächsten Schritt übergehst. Lediglich insgesamt ergeben die Einzelformen dann den anfangs dargestellten weichen Stern.

Im Einzelnen zum Ablauf mit seiner spirituellen Bedeutung: Mit ganzheitlichen Kreisen beginnst und beendest du jeweils deine Fließende EMDR-Anwendung. Die weichen horizontalen Linien (neben den Kreisen und zwischendurch abgebildet) verbinden dann den unten angesiedelten Emotionalkörperbereich der Gefühle mit dem oben angesiedelten Mentalkörperbereich der Gedanken. Wenn du darauf achtest, wirst du merken, dass deine nach unten gerichteten Augenbewegungen eher Gefühle und deine nach oben gerichteten Augenbewegungen eher Gedanken und Bilder auslösen.

Je nachdem, welcher Bereich vielleicht noch mehr Heilung braucht, kannst du einen entsprechenden Schwerpunkt setzen. Um also beispielsweise speziell deine Gefühle zu heilen, bleibst du mit deiner bilateralen Stimulierung länger im unteren Gesichtsfeld als oben.

Die anschließenden weichen vertikalen Linien verbinden den Energiefluss zwischen Himmel und Erde und die Achten bringen im Anschluss an die Diagonalen Unendlichkeit hinein. Der weiche Stern schließlich zentriert alles in deiner Mitte, bevor du dich völlig in die erneuten weichen Linien fallen lässt. Die weichen horizontalen Linien kannst du ohnehin auch jederzeit zwischendurch zeichnen, wenn du dich danach fühlst.

Diese Form des Fließenden Spirituellen EMDRs darf dich solange begleiten, bis du in die Ganzheit gewechselt bist. Wobei dieser Wechsel auch ein allmählicher, nicht ganz klar abgegrenzter Übergang sein kann, in welchem immer noch wieder Reinigungs- und Heilungsprozesse ausgelöst werden. Diese sind dann so zu verarbeiten, wie du es für psychische Prozesse bereits in Kapitel II gelernt hast. Doch das Alte wird immer weniger Bedeutung haben. Achte deswegen vor allem auch auf subtile völlig neue Wahrnehmungen.

Fallbeispiel 2

An dieser Stelle möchte ich euch die Erfahrungen meines schon weit fortgeschrittenen Schülers vorstellen. Er ist Mitte fünfzig und schon durch mehrere sehr intensive Transformationsprozesse gegangen. Seine innere Familie ist vollständig, mit besonderer Stärke bei seiner inneren Frau.

Den Zugang zu seinem verletzten inneren Kind im Babyalter bekam er durch EMDR und die Heilung erfolgte dann sehr körperlich – wie es dem frühen Alter entspricht – über liebevolles in den Arm Nehmen und Trösten. Insofern war ihm die EMDR-Methode bereits vertraut.

Mit seinem inneren Mann hatte er sich auch schon intensiv beschäftigt, aber die Verbindung zwischen innerem Mann und innerer Frau war noch nicht ausreichend. Das spiegelte sich im Außen durch ein schon lange andauerndes, ungeklärtes Getrenntleben von seiner Lebensgefährtin B. wider.

Zugleich war seine feinstofflich hinter dem inneren Mann stehende Mentalkörperenergie, vermischt mit anderen Energien, nicht wahrnehmbar und fehlte ihm daher für tiefe spirituelle Erkenntnisse.

Für seine weitere Entwicklung ergab sich dadurch Folgendes. Im Bereich seiner inneren Frau und der dahinterstehenden Emotionalkörperenergie war er soweit, dass er nur noch seine Identifikation mit dem Irdischen loslassen musste, um in die Transzendenz zu wechseln. Dazu musste er seine zu große gefühlsmäßige Abhängigkeit von B. aufgeben – unabhängig davon, ob ihre Beziehung fortgesetzt würde oder nicht.

Um gleichzeitig von B. unabhängiger zu werden und zusätzlich seinen inneren Mann zu stärken, musste mein Schüler seinen inneren Mann neben seiner inneren Frau in seiner Psyche zulassen und ihn im Alltag leben. Durch die Heilung seines inneren Mannes würde außerdem die Mentalköperenergie meines Schülers befreit und seine spirituelle Entwicklung vervollständigt.

Mein Schüler sprach mich auf eine spirituelle Intensivwoche an und da er sich gerade an diesem entscheidenden Übergang in die Transzendenz befand, machte das auch Sinn. Methodisch wollte ich Spirituelles EMDR für den Wechsel in die Transzendenz hinein sowie zur weiteren Heilung und zur vollständigen Integration seines inneren Mannes mit dem Ansatzpunkt Beziehung zu B. einsetzen. Ergänzend sollte mein Schüler seine Mentalkörperenergie körperlich mit Standardtanz trainieren.

„Ich arbeitete mit Ayleen an der Stärkung des Mentalkörpers und wir hatten ein Intensivprogramm vereinbart. Eine Woche lang zog ich mich in die Schorfheide[2] zurück und fuhr jeden Tag für zwei Stunden zu Ayleen, um mit ihr zu arbeiten. In der darauffolgenden Woche machten wir dann noch zwei Sitzungen, um das Programm ausklingen zu lassen. Die Mentalkörperenergien sind nach Ayleens Bild von der inneren Familie mit dem inneren Mann verbunden, der für Abgrenzungsfähigkeit, Leistung, Erfolg und strukturiertes

---

[2] Schorfheide: Waldgebiet ca. 70 km nördlich von Berlin.

Arbeiten steht. Die Ursache dafür, dass dieser Bereich bei mir unterentwickelt war, sollte sich im Verlauf der Woche noch finden."

Bei spiritueller Entwicklung beginnt der eigentliche psychische Prozess schon längst vorher; bei meinem Schüler mit der Entscheidung für die Intensivwoche und der persönlichen Erwartungshaltung. Häufig handelt es sich zunächst um Abwehr und die kündigte sich bei meinem Schüler bereits in der letzten Stunde vor der Intensivwoche deutlich an. Deswegen schrieb ich ihm am Wochenende vor der Intensivwoche eine E-Mail mit der Ankündigung, seine Beziehung zu B. zum Thema zu machen und Standardtanz üben zu wollen. Dadurch gab ich ihm die Gelegenheit, sich schon am Wochenende mit all seinen Bedenken auseinanderzusetzen und am Montag dann voll einzusteigen.

„Zwei Tage bevor das Programm losgehen sollte, erreichte mich eine E-Mail mit Vorgaben, was wir machen werden und wie ich mich vorbereiten sollte: Es sollte über meine Partnerbeziehung gesprochen werden, die aktuell brach lag, d.h. wir lebten in Trennung, wobei die Gespräche mit EMDR begleitet würden. Außerdem wollte Ayleen mit mir Standardtanz üben und ich sollte schon einmal die Schritte einstudieren. Da ich alle drei Themen in der letzten Sitzung vor Beginn des Programms ausdrücklich abgelehnt hatte, war ich entsprechend erbost.

Ich fühlte mich in Fragen meiner Partnerschaft von Ayleen nicht verstanden, hatte den Eindruck, sie wolle mich zu einer Trennung drängen und ich wollte dieses Thema lieber alleine angehen. Standardtanz gefiel mir nicht, obwohl ich sonst gern tanzte. Ich hatte auch früher nie eine Tanzschule besucht, es war mir einfach peinlich und ich konnte an vorgeschriebenen Schrittfolgen keinen Gefallen finden. Der Grund warum Tanz geübt werden sollte war der, dass sich beim Tanz vieles eindeutiger als durch Worte über einen Menschen offenbart. Beim Standardtanz sind besonders die Mentalkörperenergien gefordert.

EMDR hatte ich bereits früher bei der Arbeit mit Ayleen kennen und nicht lieben gelernt. Ich fand es gleichzeitig langweilig und anstrengend und ich wurde häufig aggressiv dabei. Jetzt hatte Ayleen eine neue Vorgehensweise eingeführt, mit schnelleren Bewegungen, bei der man in eine Art Trance fallen sollte und ich fand diese Methode noch anstrengender.

Ich drängte auf eine Klärung, aber ich erhielt von Ayleen die Antwort, sie hätte mir die E-Mail geschrieben, damit wir keine Klärung durchführen müssen und am Montag gleich mit dem Programm beginnen könnten. Es erübrigt sich zu sagen, dass ich mich nicht wie gewünscht vorbereitete und ich ärgerte mich nach der E-Mail noch einen ganzen Tag lang über Ayleen."

Bei allem oberflächlichen Ärger vertraute ich auf unsere tiefe Liebesbeziehung und wurde nicht enttäuscht. Mein Schüler ließ sich sehr mutig durch seine Abwehr hindurch voll auf seinen Entwicklungsprozess ein.

„In der Nacht vor Beginn des Programms lag ich sehr lange wach. Auf einmal kam mir eine Gefühlserinnerung: Ich bin etwa fünf Jahre alt und werde gezwungen, etwas gegen meinen Willen zu tun, es ist schmerzhaft. Ich sträube mich mit Händen und Füssen, schreie und weine, doch ich werde überwältigt. Bilder kamen mir keine dabei, doch ich wusste, dass ich mich einmal so gefühlt hatte.

Montag: *Ich trage Ayleen meine Bedingungen vor. Zuerst möchte ich, dass sie mir erklärt, warum wir so und nicht anders vorgehen sollen. Zweitens, die Tanzschritte werden ohne Musik vollzogen (dies aus dem Grunde, dass mich Tanzmusik entweder abstößt oder sie spricht mich im Gegenteil emotional an, dann sind mir die Schritte doppelt unangenehm). Ayleen erklärt mir dann ausführlich, warum sie diese Methoden anbringt:*

Bei mir ist vor allem die innere Frau stark. Die sucht sich einen Partner, um darüber ins Göttliche zu gehen. Der innere Mann kann direkt diesen Weg gehen. Die innere Frau benutzt dann aber die Beziehung, um auf der Strukturebene zu bleiben und nicht ins Göttliche zu gehen. Darum muss die Beziehungsebene geschwächt und der innere Mann gestärkt werden. Der innere Mann muss an den Entscheidungen beteiligt werden."

Anmerkung: Diese Erläuterungen beziehen sich auf den Inneren-Frau-Herzensweg und den Inneren-Mann-Erkenntnisweg innerhalb der männlichen Spiritualität.

„Bei EMDR-Klängen werden mir Fragen zu meiner Partnerin gestellt. Was sagt die innere Frau dazu, was sagt der innere Mann. Resümee, die Frau ist enttäuscht, dass B. keine gute Mutter ist (wir haben zwei Kinder miteinander). Trotzdem will sie die Beziehung. Der innere Mann fühlt sich betrogen (er verdächtigt sie der Untreue) und er möchte Schluss machen.

Zum Abschluss der zweistündigen Sitzung üben wir Walzer nach einer Rhythmus-CD ohne Musik. Ayleen drängt darauf, dass ich führe. Sie sagt, mein innerer Mann sei sehr vielschichtig, er wechsele ständig.

Dienstag: *Am Morgen vor der nächsten Sitzung beschäftigt mich intensiv das Thema Kamikaze, für das ich mich in meiner späteren Kindheit begeistert hatte (ab etwa zehn Jahren). Es ist eine Form des Widerstandes, die ganz und gar vergeblich ist und doch ist sie radikaler als irgendeine andere. So begegnet man einem Feind, dem man sich hoffnungslos unterlegen fühlt. Lieber auf den Füßen sterben als auf den Knien leben, dies war mein Schwur, aber warum? Wer war mir in meinem Leben derart überlegen und welche Entehrung hatte ich zu befürchten?*

Es gibt in der japanischen Kultur eine Besonderheit, die mich sehr ansprach, dass nämlich Gewalttätigkeit und Zartheit nahe beieinander liegen können. Manche Piloten verfassten einen Haiku, ein Kurzgedicht oder einen Sinnspruch, bevor sie in den Tod flogen. Diese Gedichte und Sinnsprüche waren oft unglaublich anrührend. So schienen mir als Kind die Japaner besonders im Recht zu sein, da sie die Schönheit und Zartheit des Lebens verteidigten, während mir die siegreichen Amerikaner grobschlächtig und anmaßend erschienen. Ich zeichnete damals sogar eine Art Karikatur, in der ein japanischer Pilot, den ich unter seiner Fliegerhaube mit sehr femininen Gesichtszügen ausstattete, völlig in sich versunken einen Haiku rezitiert, während im

Hintergrund die Amerikaner waffenschwingend ihren Sieg bejubeln. Meine Sympathien waren zweifellos beim Verlierer.

Bei Ayleen teile ich mich nach einer kurzen Einleitung darüber mit, was mich am Morgen beschäftigt hat. Besonders ein Spruch hatte es mir damals angetan. Er lautete: „Wie Kirschblüten lasst uns fallen - rein und strahlend". Dies ist ein herrliches Bild, anmutig und erhaben. Ein Tod in seinem lautlosen Schweben so edel und souverän, dass er über jeden feindlichen Sieg hinausleuchtet. Aber schon damals hatte mich der Satz irgendwie beunruhigt. Ayleen fragt, was mich beunruhigt. Ich antworte: "Ich bin nicht rein." "Was bist du?" "Ich bin schmutzig."

Wir nehmen jetzt das EMDR zu der Befragung hinzu. Ayleen zeichnet die Figuren vor und befragt mich unnachgiebig. Ich möchte nicht antworten und ich will doch die Wahrheit wissen. Ich zittere, es kommen Tränen, die Empfindung wird stärker. "Wie sehen deine Beine aus, wie fühlen sich deine Fußgelenke an?" Unwillkürlich entfährt mir ein Schrei, der mich sehr überrascht, weil ich mich sonst immer unter Kontrolle habe.

"Kommen Bilder?" – keine Bilder. Oder doch? Es ist sehr ungewiss. Die Schuppen dort am Schrottplatz hinter dem Elternhaus? Eine Falltür in einem alten Verschlag und was hat mein mittlerer Bruder damit zu tun? Hat er mir mit der Falltür Angst machen wollen oder wusste er etwas? Die kleinen Finger und Ringfinger kribbeln an beiden Händen sehr stark. Kälte an den Füßen und Fußgelenken, die Erinnerung an vergebliches Strampeln. Die Schenkel können die Stelle, die Stellen nicht schützen. "Welche Stellen?" "Dort, wo keiner hindarf." "Kannst du den Ekel fühlen, der auf deinem Gesicht steht? Du siehst ja dein Gesicht nicht."

Ayleen geht aus der Befragung heraus. "Du hast etwas Schreckliches erlebt. Es war schlimmer als dein Baby-Trauma (woran wir zuvor gearbeitet hatten – Verletzung des inneren Kindes). Die Augen sollen beim EMDR immer gleichmäßig den

Figuren des Therapeuten folgen. Doch deine Augen springen und stocken und das ist der Beweis, dass ein Trauma vorliegt."

Ja, sage ich, es bedurfte dieses Beweises, damit ich Gewissheit habe. "Die Wahrnehmung eines Kindes kann leicht manipuliert werden. Deshalb bedarf es der Korrektur von außen." Jetzt weiß ich, dass das was ich seit einiger Zeit geahnt habe, keine Einbildung war. Ayleen vermutet, dass auch mein Bruder etwas abbekommen haben könnte oder dass er von dem Missbrauch wusste. Ich ruhe mich ein wenig in ihren Armen aus, mit einem Gefühl tiefer Verbundenheit.

Danach bin ich bereit, noch den Walzer zu üben. Diesmal stelle ich mich ein wenig ungeschickt an. Als ich eine falsche Drehung mache, die an ihr vorbeigeht, fragt sie mich, warum ich das tue. Ich stehe etwas belämmert da, aber sie will, dass ich so stehenbleibe. "Jetzt sehe ich deinen inneren Mann. Er ist zart und er ist klar. Er hat keine schmierige Energie und nicht das Hauruck, das du sonst mitbringst. Nur mit dem will ich tanzen." Mit diesem Mann, der wie ein begossener Pudel dasteht, kann ich selbst wenig anfangen. Aber ich lasse das so stehen.

Auf dem Heimweg fühle ich, dass ein Gedicht kommen will. Ich schreibe äußerst selten Gedichte, aber wenn, dann kommen sie gleich in perfekter Form. Dieses aber muss ich in der Nacht noch dreimal korrigieren. Als ich mir das fertige Gedicht schließlich selbst laut vorlese, beginne ich zu schluchzen. Das Weinen dauert nur kurz an, aber es erfüllt seinen Zweck. Ich bin mit mir selbst und meinem Schicksal wieder versöhnt.

So lautet die endgültige Fassung: Gut / dass du noch nichts wusstest / von den himmlischen Mächten / als du schriest in deiner Ohnmacht / und niemand stand dir bei. / Deinen Schrei hörte keiner / als du selbst und dein Schänder / der ihn vernahm als das Echo seiner eigenen Stärke / tief unter Gottes Ohr. / Und gut, dass du heute nach Gott fragst / wo bist du gewesen / – dein Schrei bin ich gewesen / den ich bezeuge, als die Stimme meiner eigenen Hoheit / deinem Schänder zum Gericht.

Mittwoch: *Morgens arbeite ich auf Ayleens Vorschlag hin alleine mit EMDR. Dabei komme ich zweimal nahe dem Zustand, in dem ich gestern war. Was neu ist, ist, dass die Kälte jetzt in alle Gliedmaßen dringt. Vom Rücken ausgehend breitet sich im ganzen Körper ein Gefühl des Überwältigtseins aus. Es kommt Angst auf, ich vernehme die Worte: "Halt still oder ich mach dich tot." Danach begebe ich mich auf einen Spaziergang durch die Schorfheide. Doch beim Eintritt in den Wald vernehme ich ein drückendes Gefühl vom Schlund bis zum Darm. Aufstoßen, Schwäche, Übelkeit, ich bleibe stehen und atme an die Stellen. Es wird mir klar, dass jetzt nicht die Zeit für Gewaltmärsche ist. Langsam gehe ich zurück.*

Ich erinnere mich an unerklärliche Schmerzen im After. Das Ganze begann, als die Krise mit B. anfing, welche vor über anderthalb Jahren zum vorübergehenden Abbruch der Arbeit mit Ayleen führte – damals arbeiteten wir am inneren Kind. Es folgte nach der Nacht, in der die Schmerzen auftraten, ein Alptraum von einer feuchtkalten Hand, die mich würgen wollte. Ich fuhr mit dem Schrei "Wo bist du?" aus dem Schlaf. Nach acht Monaten nahm ich die Arbeit mit Ayleen wieder auf. Kurz vor Abschluss der Arbeit am inneren Kind las ich ein Buch über sexuellen Kindesmissbrauch. Danach traten die Schmerzen wieder auf, verbunden mit der Erinnerung an das unheimliche Bild eines Lautenspielers, das bei Bekannten über der Kellertreppe hing und vor dem ich panische Angst hatte. Seitdem hatte ich einen Verdacht.

Kurz bevor ich bei Ayleen ankomme, begegnet mir eine Gruppe von Rechtsextremisten, die gegen die Asylpolitik der Bundesregierung polemisiert. Es sind acht biertrinkende, junge Männer mit einem Megaphon und eine Frau, die sich mit rauer Stimme bemerkbar macht. Denken die wirklich, sie könnten in der Weise, in der sie sich hier verbreiten, irgendjemanden auf ihre Seite ziehen? Allen ist die Situation unangenehm, die Leute versuchen, die Gruppe zu ignorieren. Mich selbst trifft diese Begegnung nicht unvorbelastet. Es gab in meiner Jugend, die dreißig Jahre zurückliegt, eine Phase der Identifikation mit dem Nationalsozialismus. Was ich im Gegensatz zu den Leuten weiß, ist, dass die Jungs selbst Angst haben.

Wir nehmen das in die EMDR-Befragung hinein, meine damalige Enttäuschung über die Neonaziszene. Diese Nazis, die ich mir als wahre Männer vorgestellt hatte, kühn, stark und gerecht und die nur ein undisziplinierter, verrohter Grölhaufen waren. Mein Verdrängungsmuster von damals ist offensichtlich. Auf der Bewusstseinsebene leugnete ich die Verbrechen des Nationalsozialismus: Es ist nie etwas passiert. Unbewusst aber identifizierte ich mich mit seiner Brutalität, das war die Identifikation mit dem Aggressor. Als mir die Szene diese unbewusste Seite spiegelte, konnte ich sie nicht ertragen.

Wir steigen danach ganz in die Missbrauchserfahrung ein. Es ist diesmal äußerst anstrengend, das Unterbewusstsein rückt die Erinnerung nur widerwillig heraus. Wie es sich mir darstellt, gab es hinter dem Elternhaus einen Hühnerstall, dahinter einen Schuppen mit einer Falltür oder eine im Boden eingelassene Tür, wie bei einem Lager. Neugierig und ängstlich nähere ich mich. Ich werde von hinten gepackt und gegen mein heftiges Sträuben nach unten in den Keller gezwungen. Dabei verdreht sich mein rechter Fuß, der sich in den Boden stemmt. Unten weiß ich nicht, was mir blüht, will man mich töten oder einsperren? Doch dann greift zu meiner Verwirrung eine behaarte Hand an den Bund meiner Lederhose. Die Hose wird heruntergerissen, ich stehe unten nackt da. Gut erinnerlich ist mir das Gefühl der Scham, die Erinnerung an die Angst ist abgespalten. Erstarrung.

Unerbittlich fragt Ayleen weiter und fordert mich immer wieder auf, ihren Bewegungen mit den Augen zu folgen, immer wieder folgen, folgen, nicht weggucken. Keine konkrete Erinnerung an das Gesicht, nur an das blaue Hemd aus dickem Stoff. Meine Hände berühren es beim Versuch, den Mann wegzustoßen. Meine Hände werden weggerissen. Es kommt etwas aus seiner Hose, ein Gewölle aus Fleisch und Haaren. Es ist soetwas, wie ich habe, aber scheußlich anders. Krumm, wurstig, haarig und groß. "Eklig!" kommentiert Ayleen jetzt in einem mütterlich tröstenden Ton. Dann eine riesige Erektion direkt vor meinen Augen, aber keine Vorhaut – was ist das? Es kommen Ausdünstungen aus dem Gewölle, dann reißen die Bilder ab. Ich beginne krampfhaft zu würgen, bekomme beinahe keine Luft mehr, das EMDR geht die ganze Zeit weiter.

Ayleen holt einen Eimer, während ich mit einem Gefühl von Erstickungsangst kämpfe, die Lippen, die Zunge sind ganz trocken, mir bleibt buchstäblich die Spucke weg. Die Erinnerung setzt wieder ein, ich versuche, den Mann wegzudrücken, doch mein Kopf wird festgehalten. Von der anderen Seite stößt sein Becken. Welche Erinnerung ist gewiss? Irgendwie sind die Bilder irreal. Die raue Stimme und ein hohes Giecksen des fremden Mannes sind mir erinnerlich. Die Todesangst, der Ekel, die Scham – ganz zweifellos, das war da. Auch dass es eine orale Vergewaltigung gegeben hat, steht außer Frage. Doch ich hatte damals noch keinen Begriff dafür. Wie konnte ich wissen, was mit mir geschah?

Auf jeden Fall reichen die Ergebnisse aus, dass Ayleen mir das Resultat meiner Erfahrungen nennen kann, die Konsequenz, die ich damals gezogen habe: Wenn Männer so widerlich sind, dann will ich lieber eine Frau sein. Doch ich kam nicht umhin, auch eine männliche Seite ausbilden zu müssen, die dann schwer belastet war mit Widersprüchen und Extremen.

Donnerstag: In der Nacht bin ich wieder früh wach, die Stimmung ist bedrückt. Am Morgen habe ich keine Lust auf EMDR und zwinge mich dazu. Ich bin aufgrund der vorhandenen Indizien der Meinung, dass es auch eine anale Vergewaltigung gegeben haben muss und will die Erinnerung daran wachrufen. Aber so funktioniert das nicht. Die Bilder sind zu vage und kommen mir gewollt vor. Ich muss das solange auf sich beruhen lassen, bis sich von selbst Klarheit herstellt.

Bei Ayleen geht es mit der Traumaarbeit weiter. Diesmal nehmen wir uns die Kellertreppe im Elternhaus vor. Aufgrund früherer Bemerkungen von mir vermutet sie dort eine weitere Spur.

Als ich vor vierzehn Jahren ganz allein mit dem Meditieren begann, stieß ich innerhalb weniger Wochen auf sehr tiefe Schichten. Einmal sah ich, langsam wie im Traum herabsteigend, die besagte Kellertreppe vor mir. Als ich fast unten angelangt war, bekam ich Angst und es wurde mir eiskalt. Danach hatte ich nie wieder so tiefe Erfahrungen. Ayleen deutet das so, dass mein Ego damals höchste Gefahr für sich selber witterte und fortan alle Zugänge verriegelte.

Nun lässt sie mich unter EMDR-Begleitung die Treppe heruntersteigen. Es ist dunkel und unheimlich. Wie drücke ich die Klinke, wie öffne ich die Tür, was liegt links und rechts von mir, wo soll es hingehen. Ich betrete einen Raum, den wir den Kartoffelkeller nannten. Dort ist die Lage unübersichtlich, es liegt viel Gerümpel herum, Kartons und Kartoffelsäcke. Da ist etwas! Aber was? Keine panische Angst, kein Zittern, keine Kälte wie beim letzten Mal, nur ein leichtes Gruseln. Es will nichts kommen, weder eine Gestalt noch eine Erinnerung. Wir verlassen den Keller und jeden konkreten Weg, wir gehen weit zurück heraus aus diesem meinem jetzigen Leben."

Es folgt jetzt eine Rückführung zu den karmischen Ursachen.

„Wir gehen jetzt ganz aus der Rückführung heraus und beginnen ein Gespräch. Ayleen wirft mir vor, dass ich meinem irdischen Mann nichts gönne. Der müsse ewig sühnen. Meine Antwort, so ist das nicht, aber ich weiß einfach nicht, welche Aufgabe ich auf Erden habe. Ich werde immer unzufriedener, was will Ayleen von mir? "Komische Stunde" sage ich. Das sei typisch für die karmische Ebene, meint Ayleen, dieses Gefühl, es bringe doch alles nichts. Das beruhigt mich zunächst.

Doch auf dem Heimweg bohrt es in mir weiter. Ich verabscheue Ayleens Versuche, mich zu einer Existenz in der Mittelmäßigkeit zu drängen. Die Wahrheit liegt nicht in der Mitte. Am Abend schreibe ich ihr eine wütende E-Mail wider das Spießerglück und für das Leben auf Messers Schneide. Sie möge mich in meiner Größe ansprechen."

Was mein Schüler als Mittelmäßigkeit empfunden hat, war die Heilung der Extreme aus verletzter Minderwertigkeit und kompensierender Großartigkeit. Wobei die Verletzung im Emotionalkörper stattfand und in diesem Leben ihre Ursache hat, während die Großartigkeit mit karmischem Ursprung im Mentalkörper angesiedelt ist. Für die Heilung müssen Minderwertigkeit und Großartigkeit zu einem gesunden Ausgleich kommen.

*„**Freitag:** Am gestrigen Tage war ich durch die Beschäftigung mit der Mentalkörperebene völlig heraus aus der Verarbeitung des sexuellen Missbrauchs. Die kommt sofort wieder, als eine E-Mail meines Bruders eintrifft. Bei ihm hatte ich am Vorabend angefragt, ob er sich an etwas erinnern kann. Das kann er nicht und er erzählt nur harmlose Episoden aus unserer Kindheit. Zuletzt meint er, man könne Traumata auch loswerden, ohne sich zu erinnern. Er muss die Antwort sofort losgeballert haben, kaum dass er meine Nachricht empfing.*

Wir treffen uns heute nur für eine Stunde. Zunächst geht es darum, Mentalkörperenergie aufzutanken. Dazu sitzen wir nebeneinander in einer Haltung, die ich Rentnerposition getauft habe. Händchenhalten auf dem Sofa. Ayleen meint, dass sich energetisch sehr viel getan hat. Die übergriffig vereinnahmende weibliche Energie sei zurückgetreten und ich lasse sie, Ayleen, so sein wie sie ist. Mein Mentalkörper ist jetzt erstmals spürbar.

Danach setzen wir mit EMDR die Befragung zu B. fort. Was bringt sie noch meinem inneren Mann? Es erweist sich, dass es zwei innere Männer gibt. Der klare, rationale Mann will sie loswerden. Doch der leidenschaftliche Mann will sie behalten.

Den Abend verbringe ich erstmals wieder Zuhause. Es ist eine weitere E-Mail meines Bruders eingetroffen, wieder völlig unverfänglichen Inhalts. Da läuft Verdrängung, das ist klar.

***Samstag:** Morgens fühle ich mich schlecht. Der Missbrauch geht mir nach und die fehlende familiäre Unterstützung. Erst bei Ayleen finde ich beim Auftanken von Mentalkörperenergie wieder* *zur Ruhe. Es war meine Hausaufgabe, den heutigen Tag zu planen. Als ich ihn vorlege, wird er kritisiert. "Solche Pläne machen dich fertig. Viel zu viel eingeteilt, ohne Freiheit. Das kippt zwangsläufig wieder in völlige Planlosigkeit um."*

Die EMDR-Befragung meines inneren Mannes, wie er sich ein Leben ohne B. vorstellen kann, gestaltet sich schwierig, weil Ayleen immer wieder mit Bemerkungen interveniert, wie "Da spricht gerade nicht dein innerer Mann." Zuletzt werde ich wütend auf das ganze Konzept. Innerer Mann — innere Frau, ich kann's nicht mehr hören!

Ayleen bricht ab und wird auf einmal ganz ernst. "Du stehst kurz davor, die Ebenen zu wechseln. Dein Ego fühlt sich bedroht und wird nun alles aufbieten, Angriff, Flucht, Theorien, falsche Interpretationen, um diesen Wechsel zu verhindern."

Bei jedem Menschen sieht die Abwehr etwas anders aus, aber so tiefgehende Transformationsprozesse wie bei meinem Schüler lösen immer zugleich auch Abwehrreaktionen aus. Insofern wallt in mir häufig inneres Glücksgefühl auf, wenn ich unter der Abwehraggression meines Schülers schon deutlich das Göttliche wahrnehme. Ich befürchte dann regelmäßig nur, dass er meine innere Freude in seiner Abwehrhaltung als Auslachen auffassen könnte. Dabei sehe ich dann einfach schon seine volle Göttlichkeit vor mir.

„Die Befragung wird fortgesetzt. Ob mein innerer Mann Rachegefühle kenne. Ja, kennt er, aber er kann fast nur passiv Rache üben, in Form von Verweigerung und das ist kontraproduktiv. Aktive Rache, nur das würde ihn befriedigen.

Ich verlasse die Stunde mit einer gewissen Leichtigkeit. Und beschließe zunächst, meine mir für heute selbst auferlegten Verpflichtungen gegenüber anderen nicht zu erfüllen. Ich muss niemandem gefallen. B. ruft mich an und ich soll mal wieder etwas für sie tun, ohne etwas dafür zu bekommen. Erste Gelegenheit, meine neu erworbenen Mentalkörperqualitäten auszuprobieren."

Nach drei Monaten zeigte sich folgendes Ergebnis: Mein Schüler hat den Wechsel in die Transzendenz über den Emotionalkörper geschafft, sodass es ihm im Göttlichen hinter der inneren Frau entsprechend gut geht. Sein innerer Mann ist soweit geheilt, dass ihm eine erhöhte Durchsetzungsfähigkeit zur Verfügung steht und sein Mentalkörper hat an Klarheit und Fähigkeiten dazugewonnen.

Der nächste Schritt, vorübergehend seinen inneren Mann vorrangig im Alltag zu leben, darüber den Erkenntnisweg verstärkt zu gehen und auch über diesen dann in die Transzendenz hinein zu wechseln, steht noch aus. Das heißt, mein Schüler hat innerhalb der männlichen Spiritualität den Herzensweg bis in die Transzendenz hineingeschafft und muss jetzt noch den Erkenntnisweg zu Ende gehen. Schließlich sind die weibliche und die männliche Spiritualität für das höhere Bewusstseinsniveau des neuen Zeitalters miteinander zu verbinden.

Circa drei bis vier Monate nach einem Spirituellen EMDR-Intensivtermin kommt es regelmäßig zu gravierenden Umgestaltungen im Bewusstsein. Mein Schüler erlebte diese Umgestaltung als eine Transzendenzerfahrung in Domrémy (Frankreich) und schrieb mir dazu aus seiner Euphorie heraus folgende E-Mail. Hinweis: Sein „absolutes Kind" als Erfahrung von Göttlichkeit ist nicht mit dem „inneren Kind" identisch.

„*Liebe Ayleen, ich würde mich Dir gern mitteilen darüber, was in mir vorgeht. Allein das ist nicht so einfach. Domrémy[3] hat alles verändert, Domrémy-la-Pucelle. Im Augenblick gibt es nichts, als das sich entfalten zu lassen, was sich dort zugetragen hat.*

Ich bin kein Mann mehr und auch keine Frau. Meine Seele ist ein absolutes Kind. Es ist absolut, das bedeutet, es ist aus sich selbst und hat weder eine irdische noch eine himmlische Mutter nötig. Dass die äußeren Schichten dazu da sind, es zu beschützen, ist eine groteske Verkehrung. Das absolute Kind braucht keinen Schutz, sondern es hat ihm aus unerfindlichen Gründen gefallen, unter diesen Schichten zu leben, die eine ärmliche und löcherige Hülle sind. Die äußeren Schichten haben sich vielmehr zu bereiten, das Kind aufzunehmen, was sie nicht können. Aber das Kind leuchtet mit einem freundlichen, warmen Licht und macht alles von innen heraus wohnlich.

Was der innere Mann, dieser Hanswurst, zu bringen hat, das wird ihm durch die Weisheit und Gnade des Kindes gelingen – und er beginnt schon, sich auf seine Führung zu verlassen. Das ist eben das Geheimnis von Domrémy und Chant-Bois[4]. Woher hatte denn das siebzehnjährige Bauernmädchen Johanna ihre strategischen militärischen Fähigkeiten, von denen hohe Offiziere Karls VII. sagten, sie beherrsche das Kriegshandwerk wie jemand, der es seit zwanzig Jahren ausübt? Bestimmt nicht aus einer Identifikation mit dem inneren Mann! So wäre sie in zwanzig Jahren nicht dahin gekommen. Es war bei ihr vielleicht nicht gerade das Kind, aber es kam auf jeden Fall aus der Transzendenz.

Ich erfasse nun was Heiligkeit ist. Es ist eine absolute Klarheit der Unterscheidung, aus der eine kompromisslose Geradlinigkeit folgt. Die Unterscheidung ist absolut, sie kommt nicht aus einem

---

[3] Domrémy heute Domrémy-la-Pucelle: Lothringisches Dorf, Geburtsort der heiligen Johanna von Orléans (Jeanne d´Arc) 1412-1431.

[4] Chant-Bois: eine Kapelle nahe Domrémy, vor der Johanna ihr erstes Transzendenzerlebnis hatte.

Analysieren von Fakten und einem Abwägen des Für und Wider. In meinem Compiègne[5]-Aufsatz habe ich Johanna noch als politisches Genie bezeichnet. Das war falsch, Johanna machte keine Politik, genauso wenig wie Jesus, sie verhandelte nicht, sie setzte durch, was Recht ist, solange bis ihre irdische Aufgabe erfüllt war.

Was meine innere Frau angeht, so steht sie im Moment etwas betreten da und muss einsehen, dass sie lediglich die Rolle einer Herbergsmutter zu spielen hat. In der Tat spielt sich auf dem Feld der Beziehungen derzeit sehr viel ab und beinahe täglich öffnen sich mir irgendwelche Möglichkeiten. Aber bereits unmittelbar vor Domrémy stellte sich alles um, dass ich anfing, Beziehungen nicht mehr zu suchen, um mir ein Ziel setzen zu können, sondern in der Verfolgung eines Ziels Beziehungen auf mich zukommen zu lassen. Der Weg, der mich nach Domrémy führte, war bereits der Prozess dahin, sich auf die innere Führung zu verlassen. ..."

---

[5] Compiègne: Stadt in Nordfrankreich, vor der Johanna 1430 in Gefangenschaft geriet.

Kapitel IV: Manifestation

Wenn du in der Ganzheit innerlich zu Hause bist, kannst du jetzt durch Spirituelles EMDR die Manifestation unterstützen.

Was ist Manifestation?

Manifestation bedeutet die Umsetzung des Göttlichen im Irdischen. Hat sich ein Mensch vollständig verwirklicht, befindet er sich dauerhaft im Bewusstseinszustand des göttlichen Seins. Er identifiziert sich nicht mehr mit den irdischen Strukturen, sondern mit der Ganzheit; das heißt, er hat das Göttliche in sich selber und im Ganzen gefunden. Dadurch ist die Göttlichkeit in ihm so stark, dass sie sich über kurz oder lang ganz automatisch manifestieren wird – aber gerade zum Anfang gibt es da noch Widerstände, welche Spirituelles EMDR beseitigen helfen kann.

Im Grunde findet ständig auf dem spirituellen Weg begleitend Manifestation statt, wodurch sich der typische Verlauf spiritueller Entwicklungsprozesse ergibt. Im Ausgangszustand seines Bewusstseinsniveaus hat ein Mensch bestimmte, relativ stabile Energien, Gedankenstrukturen, Gefühlsmuster und Gesundheit, die miteinander in Zusammenhang stehen und im Außen gespiegelt werden.

Das universelle Spiegelgesetz besagt, dass wir mit der Kraft unseres Geistes – bewusst oder unbewusst – die Wirklichkeit, in der wir leben, erzeugen. Die Beschränkung auf den Geist ist zwar zu eng, aber wenn man stattdessen das gesamte transzendente Bewusstsein nimmt, stimmt das Spiegelgesetz.

Nach dem Spiegelgesetz ist jeder Mensch, dem man begegnet, jede Situation, in die man gerät, die gesamte Umgebung und auch der Zustand unseres Körpers ein Spiegel des eigenen Bewusstseins, welcher auch die karmische Vergangenheit miteinschließt. Es ist das eigene Bewusstsein mit seinen karmisch fortgesetzten inneren Persönlichkeitsmustern, das im Außen eine konkrete Form annimmt, damit man sehen kann, was da erschaffen wurde, um daraus zu lernen.

Das Gute daran ist, dass deine innere Bewusstseinsarbeit dadurch ganz konkrete äußere Veränderungen bewirkt. Durch intensive spirituelle Entwicklung (bei heftiger karmischer Vergangenheit manchmal mit viel Geduld) werden immer erfreulichere Lebensumstände sichtbar.

Gegen die relative Stabilität der Persönlichkeit könnte nun eingewendet werden, dass ja beispielsweise Gesundheit keineswegs immer stabil ist. Doch auch, wenn ein Mensch erst im Laufe der Zeit krank wird, ist sein Gesamtsystem aus Energien, Gedanken, Gefühlen und Gesundheit relativ stabil geblieben. Die Unausgeglichenheit in seinen Energien, Gedanken und

Gefühlen hat sich lediglich mit Zeitverzögerung bis in den Körper hinein umgesetzt.

Dabei ist es für die Menschen individuell unterschiedlich, wo sich die Unausgewogenheit vordergründig zeigt. Sie kann sich beispielsweise in den Gedanken als besonders starre Ansichten bis hin zu Wahnvorstellungen, in den Gefühlen beispielsweise als Depression oder im Körper als Krankheit ausdrücken. Es ist auch möglich, zwischen den Ausdrucksformen zu wechseln.

Findet nun durch spirituelle Entwicklung innere Heilung statt, stimmt die ursprüngliche irdische Persönlichkeit aus relativ stabilen Energien, Gedanken-, Gefühls- und Körpermustern nicht mehr mit dem neuen Bewusstseinszustand überein und es kommt zu Anpassungsprozessen. Diese werden üblicherweise als ein Gegeneinander erlebt, weil im Inneren schon verwirklicht ist, was im psychischen Gesamtsystem erst noch umgesetzt werden muss. Das wird dann häufig auch noch im Außen entsprechend widersprüchlich gespiegelt oder zumindest anders als es gerade der eigenen inneren Wahrnehmung entspricht.

Da ein Mensch auf dem spirituellen Weg intensiv an seine inneren Selbstheilungskräfte anknüpft, kann er einen neuen Bewusstseinszustand – manchmal sogar als beeindruckendes Gipfelerlebnis – vorübergehend schon deutlich wahrgenommen haben, identifiziert sich dann aber wieder mit seinen alten Persönlichkeitsstrukturen.

Er merkt zwar manchmal noch, dass sich irgendetwas in der Tiefe verändert hat, stellt aber insgesamt häufig enttäuscht fest, dass „sich nichts getan hat" und „alles wieder beim Alten" ist.

Dieser Eindruck wird noch dadurch verstärkt, dass sich gerade im Veränderungsprozess die ursprünglichen Strukturen noch einmal besonders intensiv zeigen, weil sie aufgrund ihrer relativen Stabilität jeglichen Veränderungen Widerstand entgegensetzen. An dieser Stelle ist es wichtig, den Veränderungsprozess durch unterstützendes Verhalten fortzusetzen, um dauerhafte Stabilität auf neuem Niveau zu erreichen, die dann − häufig nochmals mit Zeitverzögerung − auch im Außen gespiegelt wird.

Ähnlich ist es zunächst auch bei der Erleuchtung. Der göttliche Bewusstseinszustand ist zwar innerlich schon dauerhaft erreicht, aber die irdischen Strukturen werden noch als gerade erst aufgegebenes Gegenüber empfunden und diese Trennung spiegelt sich auch im Außen als noch vorübergehend blockierte Manifestation wider.

Da es hier also wiederum um eine fehlende Verbindung, diesmal vom Göttlichen zum Irdischen, geht, ist erneut Spirituelles EMDR hilfreich. Dabei ist Spirituelles EMDR lediglich eine unterstützende Methode, welche die Blockaden für die eigentliche verbindende Kraft − nämlich für die universelle Liebe − auflösen helfen soll. Der Ansatzpunkt ist auf dieser dritten Stufe dein inneres Göttliches, welches die eigenen irdischen Persönlichkeitsstrukturen so liebevoll integrieren möchte, dass es sich dann auch im Außen entsprechend manifestiert.

Vorbereitung der Bewusstseinsebenen

Bei der Manifestation geht es also um die Umsetzung der Ganzheit zunächst in deiner eigenen Psyche und damit durch das Spiegelgesetz dann automatisch auch in deinem irdischen Alltag. Erst mit der Am-Ziel-Erleuchtung© gilt das Spiegelgesetz schließlich nicht mehr und stattdessen wird das Irdische aus der göttlichen Liebe heraus nach universellen Gesetzmäßigkeiten bewusst geheilt und gestaltet.

Doch im Moment befinden wir uns auf der dritten Stufe des zweiten Abschnittes vom vollständigen spirituellen Weg. Für die Manifestation bereitest du daher zunächst beide Ebenen – die Ganzheit und die Strukturebene – deines Bewusstseins voneinander unabhängig folgendermaßen vor.

In der Ganzheit stabilisierst du dich zusätzlich, indem du Fließendes EMDR mit dem EMDR-Sound 3 durchführst und mit Meditation kombinierst. Meditation zielt auf den göttlichen Bewusstseinsanteil, sodass sie an dieser Stelle mit Spirituellem EMDR zusammen angewendet hilfreich ist.

Das heißt, Spirituelles EMDR wird wie zuvor durchgeführt, aber dabei lässt du dein Bewusstsein soweit meditativ werden beziehungsweise richtest deine Aufmerksamkeit soweit nach innen, dass du Spirituelles EMDR gerade noch in einer Art Trance durchführen kannst. Lasse alle oberflächlichen Gedanken und Gefühle vorbeiziehen und dein Bewusstsein während des Spirituellen EMDRs in die Tiefe sinken.

Parallel dazu absolvierst du ein Augentraining, welches deine Aufmerksamkeit nach außen auf die Strukturebene richtet. Mit dem Augentraining wird die Strukturebene erreicht, weil der Körper der manifestierte Ausdruck des Bewusstseins ist.

Sollte jemand beispielsweise kurzsichtig sein, spricht es für eine egozentrische Konzentration auf sich selber, sodass das Augentraining loslassen und Offenheit fördert. Dagegen mag Weitsichtigkeit eher nicht auf sich selber blicken und hat damit eine gewisse Tendenz, authentischen Einsichten auszuweichen. Das Augentraining hilft dann, sich zu zentrieren. Für Normalsichtige ist das Augentraining eher nur ein unterstützender Impuls für die Flexibilität der Strukturebene. Wobei das rechte Auge die männliche und das linke Auge die weibliche Wahrnehmung repräsentieren.

Die folgenden Übungen sind dem Buch „Die Integrative Sehtherapie"[16] entnommen und richten deine Augen vorübergehend einwärts. Dabei brauchst du − bei mehr als fünfzig Jahren Erfahrung mit dem Einwärtsrichten der Augen in der Sehtherapie − keine

Angst zu haben, dass es gefährlich sein könnte, auch wenn du als Kind vielleicht so gewarnt wurdest. Es gibt Muskeln zum Einwärtsrichten der Augen und es gibt Muskeln, um sie wieder gerade zu richten. Sogar schielende Kinder und Erwachsene werden in der Sehtherapie gelehrt, ihre Augen noch weiter einwärts zu richten und anschließend wieder gerade. Mir persönlich hat das Augentraining als positiven Nebeneffekt dabei geholfen, inzwischen überwiegend ohne Brille auszukommen.

Stelle dir einen Wecker auf insgesamt zehn Minuten für folgende drei Übungen. Sie werden ohne Brille durchgeführt.

Erstens versuche, deine Nase zu sehen. Kurzsichtige (also Menschen, die in der Nähe gut und in der Ferne verschwommen sehen) schauen dazu so schräg nach unten, dass sie ihre Nase jeweils abwechselnd von der einen und von der anderen Seite erblicken. Weitsichtige (die in der Ferne gut sehen können, aber beispielsweise mit kleiner Schrift Probleme haben) gucken mit beiden Augen gleichzeitig auf ihre Nase. Normalsichtige führen beide Varianten nacheinander durch und üben gegebenenfalls verstärkt diejenige, die ihnen schwerer fällt.

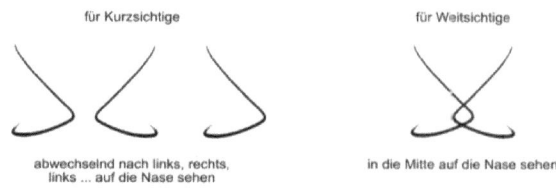

Grafik 4: Augenübung Nase

Zweitens halte einen Stift vor deine Augen und stelle dahinter ein Bild. Kurzsichtige versuchen nun, den Stift doppelt zu sehen, indem sie auf das Hintergrundbild fokussieren. Verändere dabei zusätzlich den Abstand von deinem Stift zu deinen Augen, sodass du ihn mal dichter zu deinen Augen hin und dann wieder weiter weg in Richtung Hintergrundbild bewegst. Weitsichtige fokussieren dagegen auf den Stift, sodass sie den Hintergrund doppelt sehen.

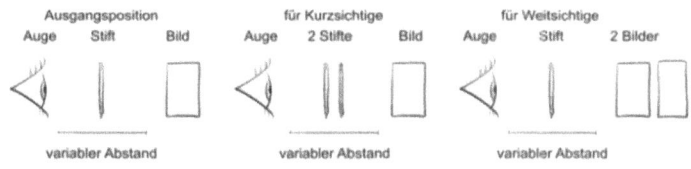

Grafik 5: Augenübung Stift

Bekommen Kurzsichtige und Weitsichtige die jeweils für sie schwierigere Variante hin, versuchen sie ebenso wie die Normalsichtigen abwechselnd auf den Stift und das Hintergrundbild zu fokussieren, sodass sie entsprechend abwechselnd das Hintergrundbild und den Stift doppelt sehen.

Wenn du beide Augen gleichmäßig benutzt, sollten die beiden Doppelbilder jeweils gleich kräftig und gleich vollständig gesehen werden. Solltest du ein Ungleichgewicht bei dir feststellen, trainiere deine Wahrnehmung in Richtung Ausgleich.

Für die dritte Aufgabe kannst du das Balkenbild (Grafik 6) verwenden. Liegt dir dieser Leitfaden als E-Book vor, drucke die Balken in einer Größe von ungefähr 5 * 5 cm aus und wenn du möchtest, male sie gerne bunt an. Als Printausgabe kannst du das Bild direkt verwenden oder dir eine Kopie machen.

Grafik 6: Balken für die Augenübung

Kurzsichtige versuchen nun, so auf das Bild zu blicken, dass sie drei Balken sehen, während Weitsichtige vier Balken zu sehen versuchen. Gelingt dies, wird ebenso wie für Normalsichtige zwischen drei und vier Balken hin und hergewechselt. Der Abstand zu dem Balkenbild sollte in deinem Wohlfühlbereich beginnen und mit zunehmender Übung etwa einen knappen Meter betragen.

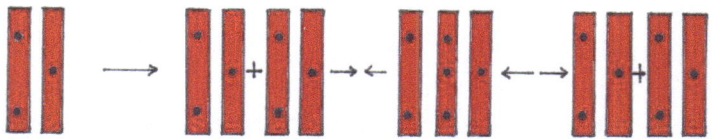

2 Balken doppelt sehen 4 Balken zusammenführen 3 Balken auseinanderführen 4 Balken …

Grafik 7: Augenübung Balken

Ergänzt werden diese drei Augenübungen um jeweils ein Einzeltraining der Augen. Das heißt, du führst zehn Minuten deine drei Augenübungen durch, deckst dann immer zuerst dein schwächeres Auge für weitere zehn Minuten und gleich anschließend dein stärkeres Auge für fünfzehn Minuten mit einer Augenklappe ab, bevor du nochmals für zehn Minuten deine Augenübungen durchführst. Sind deine Augen beide gleich sehstark, deckst du sie beide gleich lang zehn bis fünfzehn Minuten ab.

Du kannst die Abdeckzyklen ruhig auch mehrfach hintereinander durchführen, wenn du möchtest, aber eine jeweilige Abdeckung bitte nicht über fünfzehn

Minuten hinaus verlängern. Während der Abdeckung kannst du jede beliebige Tätigkeit durchführen, die mit einem Auge möglich ist. Auto fahren oder Maschinen bedienen solltest du besser nicht mit nur einem Auge.

Funktionieren die drei Augenübungen gut und du hast sie eine Weile durchgeführt, werden die ersten beiden Übungen weggelassen und nur noch die Balkenübung wird, ergänzt um das Einzeltraining der Augen, fortgesetzt. Es ergeben sich also zehn Minuten Balkenübung, jeweils zehn bis fünfzehn Minuten Augeneinzeltraining (beliebig oft wiederholt) und nochmals zehn Minuten Balkenübung.

Rechne auch bei sehr intensivem täglichen Training mit einem Zeitraum von mindestens mehreren Wochen, bis das Sehtraining dauerhaft deutliche Veränderungen in deinem Bewusstsein bewirkt. Immerhin hast du ein ganzes Leben in deinem Körper gespeichert, welches noch dazu die Erfahrungen deiner früheren Leben mit enthält. Daher sind psychische Verarbeitungsprozesse zu erwarten, die zwischendurch vielleicht sogar mal eine Pause erfordern, also habe bitte Geduld.

Nachdem du meditatives Spirituelles EMDR für die Ganzheit und das Augentraining für die Strukturebene jeweils für sich erst einmal kennengelernt hast, sind jetzt beide miteinander kombiniert zu üben. Dazu ist vom EMDR-Sound 3 zum EMDR-Sound 2 zu wechseln.

Der Ablauf erfolgt in der Regel von der äußeren Strukturebene zu deiner inneren Mitte beziehungsweise zu dem Göttlichen und dann wieder nach außen. Das heißt, zuerst wird das vollständige Augentraining mit Augenübungen, Augeneinzeltraining und nochmals Augenübungen durchgeführt, dann Fließendes EMDR als Meditation und abschließend erneut die Augenübungen.

Der Ablauf beginnt deshalb regelmäßig auf der Strukturebene, weil sich dort die meisten Menschen befinden und daher dort abgeholt werden. Es gibt aber auch Ausnahmen.

Zu den Ausnahmen zählen New Age Seelen. Das sind Menschen mit so wenigen Inkarnationen, dass sie sich noch seelisch/göttlich oben im Bewusstsein identifizieren. Ihr New Age Seelen erkennt euch daran, dass ihr eher zart seid und eine sehr weite, universelle Sichtweise habt, die mit den anderen Menschen nicht übereinstimmt. In Japan ist das New Age Seelen Bewusstsein vorherrschend, sodass ihr in meinem Reisebericht „Spiritueller Japan-Urlaub: die Entscheidung" mehr über New Age Seelen erfahrt.

New Age Seelen lassen die Strukturebenen-Abholung einfach weg. Es ist richtig für sie, durch weniger Inhalt niedriger zu dosieren. Sie beginnen gleich mit der Ganzheit und enden auf der Strukturebene. Sie enden dort, weil sie das Entwicklungsthema des irdischen Ankommens haben.

Ein Beispiel dafür ist mein Reisebericht „Spiritueller Hausboot-Urlaub in Holland".

Außerdem identifizieren sich auch Am-Ziel-Erleuchtete© nicht mehr mit der Strukturebene. Trotzdem kann es für sie manchmal noch sinnvoll sein, alte Traumata mit Spirituellem EMDR zu heilen, an die sie zuvor nicht herangekommen sind. Sie verwenden dann den EMDR-Sound 3.

Außerdem beginnen sie in der Ganzheit, wechseln dann zur Strukturebene und enden wieder in der Ganzheit. Ihr Bewusstsein ist schon richtig eingestellt, sodass sie sich lediglich weiterhin in der Ganzheit zu stabilisieren brauchen.

Wirkung	Dauer	Durchführung
Struktur	10 min.	Augenübungen: (Nase gucken, Stift verdoppeln) Balkenübung
	10-15 min.	schwaches Auge abdecken, Training starkes Auge
	10-15 min.	starkes Auge abdecken, Training schwaches Auge
	10 min.	Augenübungen: (Nase gucken, Stift verdoppeln) Balkenübung
Ganzheit	45 min.	Fließendes EMDR mit Meditation (Muster gemäß Grafik 3)
Struktur	10 min.	Augenübungen: (Nase gucken, Stift verdoppeln) Balkenübung

Tabelle 2: Gesamtablauf einer vollständigen Übungseinheit

Inwieweit dieser Ablauf vollständig durchgeführt werden kann, hängt natürlich auch von deiner Zeit ab. Wenn du weniger Zeit aufwenden möchtest, empfehle ich dir, den Ablauf trotzdem beizubehalten und nur die einzelnen Übungen zu verkürzen, beispielsweise alles nur halb so lange zu machen. Für die Häufigkeit der Durchführung solltest du dich vor allem an deiner psychischen Verarbeitung orientieren.

Liebesheilung

Funktionieren die Übungen zur Vorbereitung der Bewusstseinsebenen im Gesamtablauf (Tabelle 2) technisch gut und bist du inzwischen soweit von Altlasten gereinigt, dass die Übungen kaum noch psychische Verarbeitungsprozesse bewirken, kannst du zu dem eigentlichen spirituellen Inhalt übergehen.

Das Fließende EMDR der Ganzheit wird jetzt nicht mehr mit Meditation kombiniert, sondern nunmehr als Quelle der Liebesheilung verwendet. Vielleicht bist du schon automatisch durch die Verinnerlichung beim meditativen EMDR mit Liebe aufgefüllt worden, aber wenn nicht, ist jetzt der richtige Zeitpunkt für die Liebesheilung.

Zunächst einmal wird die Balken-Augenübung für die Strukturebene nunmehr ebenfalls fließend durchgeführt, weil jetzt auch für die Strukturebene der Fluss wichtig ist, um sie ins Ganze zu integrieren. Fließend bedeutet, dass nicht mehr nur die

Endpositionen von drei und vier Balken im Wechsel für einen kurzen Moment gehalten werden sollen, sondern dass es jetzt vor allem auf den gleichmäßigen Wechsel zwischen den Positionen ankommt, der in gleichbleibender, langsamer Geschwindigkeit kontinuierlich erfolgt. In den Endpositionen von drei und vier Balken wird nicht mehr kurz innegehalten. Stattdessen ist speziell darauf zu achten, dass beide Augen gleichermaßen und gleichmäßig sowie ohne zu rucken bewusst geführt werden.

Versuche zwanzig Minuten lang fortlaufend, gleichmäßig und langsam fließend zwischen drei und vier Balken zu wechseln. Das Einzelaugentraining mit Abdecken eines Auges ist nicht mehr notwendig.

Wirkung	Dauer	Durchführung
Struktur	20 min.	Balkenübung: fortlaufender, langsamer, gleichmäßiger und fließender Wechsel zwischen drei und vier Balken
Ganzheit	45 min.	Fließendes EMDR mit Liebesheilung (Muster gemäß Grafik 3)
Struktur	20 min	Balkenübung: fortlaufender, langsamer, gleichmäßiger und fließender Wechsel zwischen drei und vier Balken

Tabelle 3: Gesamtablauf einer Liebesheilung

Bei der Liebesheilung geht es jetzt darum, während der Fließenden EMDR-Durchführung bewusst Liebe zuzulassen; das heißt, während du im EMDR-Fluss bist, achte speziell auf die Liebe. Richte deine Aufmerksamkeit auf ein subtiles Gefühl von Liebe und versuche, auch zarte Impulse wahrzunehmen.

Aber **Achtung!** Es geht nicht darum, andere zu lieben, sondern um **eigene Liebesfülle**. Für deine vollständige Heilung ist es sehr wichtig, erst einmal selber mit Liebe aufgetankt zu werden. Deine Liebe für andere ist an dieser Stelle ohne Bedeutung, denn erst einmal musst du selber Liebe bekommen.

Es geht um das Gefühl, selber geliebt zu werden. Damit ist nicht gemeint, dass du dich selber lieben *willst*, sondern, dass du die unendliche Liebe in dir selbst und des ganzen Universums **für dich** *zulässt* und *fühlst*.

Auch wenn das vielleicht nicht sofort klappt, sei nicht frustriert, denn schon das regelmäßige Üben, diesen Liebesfluss für dich selber zuzulassen, schafft die notwendigen Voraussetzungen dafür, dass es dann tatsächlich auch dazu kommt. Vielleicht hilft es dir, zwischendurch durch die Nase ein- und durch den Mund ins Herz hinein auszuatmen. Entscheidend ist, dein Herz für die Eigenliebe zu öffnen. Also öffne bitte dein Herz für die Liebe und *fühle*, wie unendlich du geliebt bist.

Erschwert bis hin zu blockiert wird der universelle Liebesfluss in dich selber hinein übrigens durch mehr oder weniger verdrängte Schuldgefühle. Daher wird dir diese Aufgabe der Liebesannahme umso leichter fallen, je weiter du in der Schuldgefühle löschen – Liebe leben – Vorgehensweise© fortgeschritten bist. Ist die Liebesflussverbindung von Göttlich zu irdisch hergestellt (Schritt 6 der Schuldgefühle-lLl-Praktik©), wird die universelle Liebe automatisch in dich selber hineinfließen.

Zuletzt geht es dann darum, diese Liebe, welche dich nunmehr erfüllt, zur Basis auch für die Strukturebene zu machen. Dazu wird jetzt das nach außen gerichtete Augentraining ins nach innen gerichtete Spirituelle EMDR integriert. Das Irdische wird also ins Göttliche eingebettet. Die Augenübungen als solche entfallen dabei, sodass du nur noch Spirituelles EMDR in folgender Form durchführst.

Du beginnst wie üblich mit den Bewegungsmustern aus Grafik 3, also Kreisen, Linien, Diagonalen und Achten bis einschließlich Stern, fügst dann das „Augentraining" ein und endest mit weiteren Linien und Kreisen. Die bilaterale Musik gibt dabei durchgängig die Schwingung für deinen Bewegungsrhythmus vor. Währenddessen folgst du zunächst als EMDR mit deinen Augen deinem Finger, führst dann deine Augen (wie zuvor bei der Balkenübung) ohne Finger zusammen und auseinander und folgst anschließend wieder als EMDR deinem Finger mit den Augen.

Ob du für das Zusammen- und Auseinanderführen deiner Augen weiterhin das Balkenbild verwendest oder deine Augen einfach nur noch ein- und wieder auswärts richtest, ist egal. Wichtig ist nur, dass du deine Augenbewegungen gleichmäßig im auditiven EMDR-Fluss der bilateralen Musik mit übereinstimmendem Tappen deiner Füße durchführst. Dein ursprüngliches Augentraining wird also zu einem neuen Bestandteil des Spirituellen EMDR.

Bewege zusätzlich deine Augen nicht nur ein- und auswärts, sondern zwischendurch auch noch ein paar Minuten lang gegengleich hoch und ab, um Himmel und Erde zu verbinden. Vielleicht musst du die Bewegung von einem Auge nach oben und das andere Auge gleichzeitig nach unten erst einmal ohne EMDR-Fluss am Balkenbild ausprobieren, aber sei beruhigt, dass für die spirituelle Wirkung schon kleinste Verschiebungen ausreichen.

Insgesamt folgst du für die EMDR-Figuren also weiterhin mit beiden Augen gleichgerichtet passiv deinem Finger, während du für das ursprüngliche Augentraining deine Augen ohne Finger aktiv zusammen und auseinander beziehungsweise hoch und ab bewegst. Durch diese Kombination passiver und aktiver Bewegungen verbindest du innen und außen beziehungsweise die zwei verschiedenen Bewusstseinsebenen Göttlich und irdisch.

Wie lange du jeweils passiv deinem Finger folgst und deine Augen aktiv gegengleich bewegst, hängt davon ab, ob du in deinem Bewusstsein mehr die Richtung nach innen oder nach außen unterstützen willst. Ohne vorgegebene Zielsetzung sollten die gegengleichen Augenbewegungen ungefähr zwanzig Minuten dauern. Insgesamt kommt es aber ohnehin immer weniger auf die Technik als vielmehr auf den Fluss und auf deine Gefühle – und da vor allem auf deine Selbstliebe – an.

Kapitel V: Kraft

Nach der Manifestation im letzten Kapitel kann Spirituelles Kraft-EMDR nun für noch weitergehendere göttlich-irdische Verbindung und mehr Ausgewogenheit im Bewusstsein sorgen. Dies ist bereits ein fließender Übergang hin zu den Bewusstseinsgestaltungen der Am-Ziel-Erleuchtung©.

Formen spiritueller Kraft

Spirituelle Kraft gibt es in zwei Formen als Kundalini und als Drachenkraft. Gelegentlich wird die Kundalini auch als Drachenkraft bezeichnet, was aber nicht richtig ist. Zwar handelt es sich letztlich um ein und dieselbe göttliche Energie, aber in zwei unterschiedlichen Ausdrucksformen. Die Kundalini und die Drachenkraft sind jeweils die Vorstufen des männlichen und des weiblichen Spirituellen Systems.

Kundalini ist eine indische Bezeichnung aus dem Sanskrit und bedeutet so viel wie Schlangenkraft. Diese Schlangenkraft befindet sich im unbewussten Zustand eines Menschen zunächst zusammengerollt am unteren Ende der Wirbelsäule. Sie schläft damit im untersten Chakra, dem Wurzelchakra, bis sie erweckt wird. Mit zunehmender Bewusstheit steigt die Kundalini dann durch die sieben Hauptchakren hindurch bis zum höchsten Kronenchakra auf und breitet sich dabei auch im ganzen Körper aus.

Energetisch fühlt sich die Kundalini tatsächlich wie eine Schlange an (und wird daher wohl auch ihren Namen haben), weil sie sich in schlängelndem Bewegungsfluss ausdrückt, wenn sie nicht gerade den Körper insgesamt ausfüllt. Die Kundalini durchströmt den menschlichen Körper vertikal bis in die Beine hinein und gibt auf der Erde zentrierende Kraft. Durch die Kundalini findet ein Mensch seine Göttlichkeit in sich selber. Das entspricht der männlichen Spiritualität.

Die Drachenkraft ist eine Energie, die ihre Kraft durch die feinstoffliche Beziehung zu den Drachen bekommt. Drachen sind sehr hoch schwingende und liebevolle feinstoffliche Wesen voller Weisheit. Sie freuen sich darüber, wenn du zu ihnen Beziehung aufnimmst.

Im Menschen hat die Drachenkraft ihren Ursprung im zweiten Chakra, dem Sakralchakra, und wartet darauf, durch die Verbindung zum Universum erweckt zu werden. Diese Verbindung erfolgt über die höheren Chakren.

Energetisch fühlt sich die Drachenkraft im menschlichen Körper tatsächlich wie ein Drache an, irgendwie kraftvoll und verschlingend. Sie durchströmt den menschlichen Körper horizontal bis in die Arme hinein und gibt mit dem Universum verbundene Kraft. Durch die Drachenkraft findet der Mensch seine Göttlichkeit in der Beziehung zum Ganzen. Das entspricht der weiblichen Spiritualität.

Bei mir persönlich entdeckte ich den Zugang zur Drachenkraft übrigens im fünften Chakra, dem Halschakra. Inzwischen weiß ich, dass der Zugang für alle Menschen dort ist. Die gemeinsame Mitte von Kundalini und Drachenkraft ist das Herzchakra.

Die folgende Tabelle 4 gibt dir noch einmal einen Überblick über die Kundalini und die Drachenkraft im Vergleich.

	Kundalini = Schlangenkraft	Drachenkraft
Quelle	göttlich	göttlich
Energie	schlängelnd	verschlingend
Form	männlich	weiblich
Qualität	gestaltend	verbindend
Ursprung	1.Chakra = Wurzelchakra	2. Chakra = Sakralchakra
Mitte	4.Chakra = Herzchakra	4.Chakra = Herzchakra
Richtung	vertikal, Beine bis Kopf	horizontal, beide Arme
Kraft	auf der Erde zentrierend	mit dem Universum verbunden
Göttlichkeit	in sich selber	durch die Beziehung zum Ganzen

Tabelle 4: Überblick über die göttlichen Kräfte

Wirkung von EMDR für die Kraft

Auch für die Erweckung deiner göttlichen Kräfte ist Spirituelles EMDR hilfreich. Dabei gehe ich davon aus, dass du schon Erfahrung im bewussten Umgang mit Energien hast, wenn du bis zu diesem Kapitel fortgeschritten bist. Deswegen sind jetzt vor allem noch folgende zwei Punkte wichtig.

• Erstens befinden sich die beiden Kräfte fast immer in einem Ungleichgewicht, weil jeder Mensch eine individuelle und meistens unausgewogene Ausgangssituation mitbringt. Das ist den meisten Menschen aber nicht bewusst, weil die beiden Kräfte üblicherweise gar nicht klar voneinander unterschieden werden.

Wenn du die Verbindung zu den Drachen suchst, ist das zwar ein eindeutiger Ausgangspunkt für die Erweckung der Drachenkraft und wenn du gezielte Kundalini-Übungen praktizierst, für die Schlangenkraft. Doch was dann in deinem Körper tatsächlich vorherrscht, hängt von deiner individuellen Persönlichkeit ab und muss nicht unbedingt dem entsprechen, was du zu entwickeln beabsichtigt hast.

Vor allem aber geht es darum, die Kräfte gezielt zu nutzen. Wenn du dich beispielsweise energetisch abgrenzen möchtest, aber überwiegend die auf Verbindung ausgerichtete Drachenkraft in dir fließt, wird es kaum wirklich funktionieren. Umgekehrt kannst du spirituell schon viel aufgearbeitet haben und weit entwickelt sein, aber wenn es hauptsächlich im Kundalinibereich ist und die Drachenkraft fehlt, wirst du dich trotzdem nicht geborgen im Ganzen fühlen.

Deswegen ist es wichtig, an dieser Stelle auf dem vollständigen spirituellen Weg, beide Kräfte ausgewogen in sich zu entwickeln. Wenn du dann auf dem vollständigen spirituellen Weg weiter voranschreitest, wird die Drachenkraft in das weibliche Spirituelle System übergehen.

Die Kundalini hingegen dient der göttlich-irdischen Öffnung für die universelle Energie. Obwohl die Kundalini eher männlich ist, steht sie in keinem direkten Zusammenhang zum männlichen Spirituellen System.

Letztendlich sind die Drachenkraft und die Kundalini beides göttliche Aspekte, die schließlich in den Liebesgestaltungen der Am-Ziel-Erleuchtung© aufgehen.

• Zweitens ist es wichtig, das scheinbare Gegeneinander von feinstofflich zu grobstofflich aufzugeben. Wenn du diesen Leitfaden vielleicht schon liest, bevor du die Ganzheit selber erfahren hast und davon ausgehst, dass Körper und Psyche eine Einheit bilden, so ist das zwar ein richtiger Denkansatz, aber an dieser Stelle nicht gemeint. Es geht jetzt vielmehr darum, bewusst aus der Ganzheit heraus feinstofflich bis ins Grobstoffliche vorzudringen.

Die feinstoffliche Kraft entfaltet erst durch die bewusste Durchdringung der Strukturen ihre vollständige irdische Kraft. Diese Verbindung wird im Bewusstsein mit Spirituellem EMDR dadurch gebahnt, dass verstärkt der Körper mit einbezogen wird.

Zusammengefasst unterstützt Spirituelles Kraft-EMDR durch entsprechende Bewegungsmuster jeweils gezielt die Kundalini und die Drachenkraft und verbindet durch Körpereinsatz fein- und grobstofflich. Das heißt, es wird die Verbindung von Göttlich (Drachenkraft und Kundalini) zu irdisch (von feinstofflich zu grobstofflich bis konkret in den Körper hinein) gefördert. Damit entwickelt Spirituelles Kraft-EMDR das höhere Bewusstseinsniveau des neuen Zeitalters, welches auf genau dieser göttlich-irdischen Verbindung im Bewusstsein beruht.

Doch die Liebe drängt sich nicht auf. Es ist deine freie Entscheidung, ob und wieviel Liebe du in dich selber hineinfließen lassen möchtest. Ermutigen möchte ich dich allerdings, denn es sind unter anderem wunderschöne Gefühle und befriedigende Beziehungsgestaltungen die dich mit dem neuen Zeitalter erwarten.

Mit EMDR in die Kraft

In der Durchführung wird es bei dem Spirituellen Kraft-EMDR jetzt etwas sportlicher als zuvor, um deinen Körper verstärkt mit einzubeziehen. Statt im Sitzen mit den Füßen zu tappen, ist nun eine Mischung aus schnellem Gehen und leichtem Laufen auf der Stelle angesagt. Ob du die Übung zugleich als Konditionstraining benutzt, bleibt dir überlassen;

wichtig ist nur, dass du weiterhin wie auch zuvor beim Tappen im Fluss des auditiven EMDR bleibst.

Zusätzlich bewegst du für die Kundalini deine beiden Arme und Hände schlängelnd vor deinem Körper auf und ab. Führe sie im Fluss der Musik jeweils in deiner vollen Reichweite bis ganz nach oben über deinen Kopf hinaus und nach unten bis ungefähr zu deinem Wurzelchakra. Währenddessen lässt du deine Augen absichtslos durch die Gegend schweifen und darfst dabei deinen Kopf sogar mitbewegen.

Für die Drachenkraft wechselst du zu einem Auseinander- und Zusammenführen deiner Arme und Hände vor deinem Körper auf Schulterhöhe. Nach außen sollten deine Arme fast vollständig ausgestreckt, aber nicht durchgedrückt sein und nach innen eingewinkelt bewegen sich deine Hände bis ungefähr vor dein Herz. Bleibe auch dabei im Fluss des auditiven EMDR.

Zugleich lasse deine Arme und Hände leichte Wellenbewegungen wie ein fliegender, flügelschlagender Drache machen. Dein Kopf bleibt während der Drachenkraftbewegungen ruhig und deine Augen führst du entsprechend deinen Armen einwärts und in die Normalposition zurück. Es handelt sich dabei um die nunmehr integrierte ursprüngliche Augenübung.

Wenn dir diese Beschreibungen nicht konkret genug sind, weil sie verschiedene Durchführungsmöglichkeiten offenlassen, so ist das beabsichtigt. Es geht für dich jetzt darum, deine ganz persönliche Kraft zu spüren und auszudrücken und dich auf Erfahrungen einzulassen, die aus anderen Dimensionen als meine Anleitungen zur EMDR-Technik stammen. Lasse also Spirituelles EMDR deine göttlichen Kräfte anregen und dich von ihnen bei der Umsetzung im Irdischen unterstützen.

Um dich für die inneren Prozesse zu öffnen, führe das Kundalini- und Drachenkraft-EMDR jeweils für Zeiträume von mindestens zehn Minuten und länger durch, bevor du die Richtung deiner Arme zusammen mit deinen Augenbewegungen wechselst. In welchem Verhältnis du das Kundalini- zu dem Drachenkraft-EMDR durchführst, hängt davon ab, welche Kraft bei dir vielleicht noch schwächer entwickelt ist und durch längeres EMDR mehr gefördert werden sollte.

Dementsprechend macht es vielleicht auch Sinn, nach dem Kraft-EMDR zusätzlich Kundalini-Übungen durchzuführen oder Drachengesänge zu meditieren. Auch eine Dracheneinweihung wirkt unterstützend. Insbesondere für den Körper wird beispielsweise die Kundalini durch Funktionsgymnastik mit vor allem Dehnübungen für die Beine und die Drachenkraft durch Yoga mit öffnenden Bewegungen für den Oberkörper besonders gut ergänzt.

Auch über deine Sinnesorgane kannst du noch weiter deine Kräfte unterstützen. Zusätzlich zum schon durchgeführten Training deiner Augen mit EMDR kann ein Gehörtraining speziell deine Wahrnehmungsfähigkeit für Drachenenergien erhöhen.

Du wirst schon merken, welche zusätzlichen Übungen dich noch weiter unterstützen. Irgendwann werden diese zusätzlichen spirituellen Übungen nämlich keinerlei Wirkung mehr haben, weil sie sich dann mit heller Energie nur noch angenehm durchlässig im universellen Fluss anfühlen, ohne irgendwelche Prozesse auszulösen oder weitere Entwicklung zu bringen. Gedanken wie „langweilig", „bringt alles sowieso nichts", nichts zu fühlen oder Taubheit sind allerdings Abwehrmechanismen, die nichts mit der angenehmen Durchlässigkeit in ihrer Wirksamkeit beendeter spiritueller Übungen zu tun haben.

Nach längerer Zeit, zum Beispiel nach mehreren Wochen, kannst du dazu übergehen, die Kundalini- und Drachenkraft-Bewegungen beim Spirituellen EMDR miteinander zu kombinieren. So ist es beispielsweise möglich, die hoch und runter schlängelnden Kundalini-Arme gleichzeitig einwärts und auswärts zu führen und bei einwärts die Augen zu lenken, bei auswärts dagegen frei schweifen zu lassen. Oder du führst umgekehrt deine Drachenarme mit den horizontalen Bewegungen allmählich nach oben und nach unten und wählst wiederum eine stimmige Augenentsprechung. Lasse dich dabei von der Ganzheit leiten, sie wird dir die richtigen Impulse geben.

Schließlich kannst du dich dann entscheiden, deine neugewonnene Kraft im Alltag zu nutzen und/oder deinen spirituellen Weg fortzusetzen. Sofern du die Schuldgefühle löschen – Liebe leben – Verfahrensweise© nicht schon zuvor oder parallel zu diesem Spirituellen EMDR durchgeführt hast, empfehle ich dir, mit dieser Methode fortzufahren. Obwohl Spirituelles EMDR ebenfalls auf die göttlich-irdische Verbindung zielt, sind Schuldgefühle so hartnäckig blockierend, dass sie zusätzlich durch die Schuldgefühle-lLl-Praktik© aufgelöst werden müssen.

Du erreichst dadurch die vollständige göttlich-irdische Verbindung in deinem Bewusstsein. Das heißt, du entwickelst das höhere Bewusstseinsniveau des neuen Zeitalters.

Einen Überblick und alles Weitere zum vollständigen spirituellen Weg in die Am-Ziel-Erleuchtung© erfährst du in meinem gleichnamigen Buch „Der vollständige spirituelle Weg". Während dir die ersten Kapitel Informationen vermitteln und Fragen beantworten, findest du im fünften Kapitel „Liebesgestaltungen der Am-Ziel-Erleuchtung" Übungen, welche dich in die Am-Ziel-Erleuchtung© führen.

Meine Bücher geben dir alle Informationen, die du für die Am-Ziel-Erleuchtung© brauchst. Einfacher ist es allerdings, die Am-Ziel-Erleuchtung© mit der Hilfestellung einer bereits am-Ziel-erleuchteten©

Person zu erreichen, weil diese den Weg schon kennt und dich zusätzlich durch Resonanzschwingung und Liebesausstrahlung unterstützt.

Ich wünsche dir viel Freude, Erfolg und alles Gute auf deinem weiteren Weg.

Alles Liebe, deine Ayleen

Worterklärungen

Ätherleib: der feinstoffliche Energiekörper (Energiefeld), welcher unseren physischen Körper am Leben erhält.

Am-Ziel-Erleuchtung©: vollständig erkanntes transzendentes Bewusstsein mit miteinander verbundenem göttlichen und irdischen Bewusstseinsanteil sowie Einbettung in das universelle Ganze. Vom universellen Ganzen ausgehender über die Seele in die irdische Persönlichkeitsstruktur hineingeleiteter Liebesfluss durch sich selber hindurch zu anderen. Die Am-Ziel-Erleuchtung© integriert alle herkömmlichen Erleuchtungsformen und geht über diese als neues Zeitalter hinaus. Das Irdische wird zum bewussten Liebesausdruck des Göttlichen. Die Am-Ziel-Erleuchtung© ist <u>im</u> Irdischen statt <u>vom</u> Irdischen abgegrenzt. Sie ist der normale Bewusstseinszustand der Zukunft, den Ayleen Lyschamaya weltweit lehrt.

Astralkörper: siehe Emotionalkörper

Basistechniken: Spirituelle Methoden, welche insgesamt die inneren Selbstheilungskräfte aktivieren und die konkrete Wirkung dem göttlichen Ganzen überlassen. Sie unterscheiden sich von den anderen spirituellen Methoden dadurch, dass sie sich auf das Ganze richten, statt auf einen speziellen Wirbereich zu zielen. Zu den Basistechniken gehören Meditation, inhaltsoffene Hypnose, energetische Ganzkörpertechniken, die Schuldgefühle-lLl-Praktik© und Spirituelles EMDR.

Chakra / Chakren: kreisende Energiewirbel, die dem Austausch von Lebensenergie und Informationen dienen. Sie transformieren die höheren Schwingungsebenen in das irdisch-menschliche System.

Drachenkraft: siehe Kraft.

EMDR (**E**ye **M**ovement **D**esensitization and **R**eprocessing): eine psychotherapeutische Technik, um Traumata zu verarbeiten, die auf bilateraler Stimulierung beider Gehirnhälften beruht. Sie wird standardmäßig in kurzen Sequenzen von ungefähr fünfundzwanzig bis fünfzig bilateral stimulierenden Augenbewegungen mit zwischendurch immer wieder Verankerung im Alltagsbewusstsein (durch Pausen) durchgeführt. Verarbeitende Nachwirkungen von bis zu einer Woche sind üblich.

Das Spirituelle EMDR zielt dagegen auf die höheren Bewusstseinsschichten, sodass sehr lange Sequenzen ohne Pausen durchgeführt werden. Außerdem kommen regelmäßig zum visuellen EMDR noch auditives EMDR und Tappen der Füße hinzu. Es ist nach dem ersten EMDR-Intensivtermin mit Nachwirkungen von bis zu einem halben Jahr mit einer psychischen Umbruchphase nach etwa drei Monaten zu rechnen.

Emotionalkörper (= Astralkörper): das menschliche Energiefeld, welches die Gefühle beinhaltet.

Feinstoffliche Energiekörper: Der gesamte Mensch ist eigentlich ein Feld, das aus verschiedenen Schichten unterschiedlich schwingender Energie aufgebaut ist. Dabei schwingt der physische Körper so niedrig, dass er fest erscheint. Geformt und erhalten wird der physische Körper von subtileren Energieschichten, den sogenannten feinstofflichen Energiekörpern.

Ich unterscheide vier feinstoffliche Energiekörper, Ätherleib, Emotionalkörper (Astralkörper), Mentalkörper und Kausalkörper (Spiritueller Körper).

Göttlich: Den Begriff verwende ich vollkommen unabhängig von irgendwelchen Religionen aus meiner direkten persönlichen Wahrnehmung heraus; ich meine damit das, wofür es keine Worte gibt, sodass ich Göttlich, Transzendenz, das Ganze, Universum und innere Selbstheilungskräfte synonym benutze.

Innere Frau: innerpsychischer Persönlichkeitsanteil, welcher die weibliche Erwachsenen-Ich-Stabilität bedeutet; sie ist für Gefühle, Verbindungen und Fürsorge zuständig.

Innerer Mann: innerpsychischer Persönlichkeitsanteil, welcher die männliche Erwachsenen-Ich-Stabilität bedeutet; er ist für Schutz, Abgrenzung und Zielstrebigkeit zuständig.

Inneres Kind: innerpsychischer Persönlichkeitsanteil, der sich in etwa in den ersten sieben Lebensjahren entwickelt; es ist für Urvertrauen und Lebendigkeit zuständig.

Kausalkörper (= Spiritueller Körper): die feinstoffliche Schwingungsebene der Transzendenz, welche den Menschen trägt.

Kraft: Es gibt zwei Formen von spiritueller Kraft, die Kundalini und die Drachenkraft. Die Kundalini ist die feinstoffliche Schlangenkraft der männlichen Spiritualität im Menschen. Sie öffnet den irdischen Bewusstseinsanteil des transzendenten Menschen für das Göttliche. Die Drachenkraft hingegen ist eine persönliche Energie der weiblichen Spiritualität, die ihre Kraft aus der feinstofflichen Beziehung zu den Drachen bekommt. Sie ist eine Vorstufe des weiblichen Spirituellen Systems der Am-Ziel-Erleuchtung©.

Kundalini: siehe Kraft.

Männliche Spiritualität: das Göttliche im Menschen bzw. der göttliche Mensch. Die männliche Spiritualität hat vor allem die Aufgabe, das Göttliche im Irdischen zu gestalten.

Manifestation: die konkrete Umsetzung des Göttlichen im Irdischen.

Mentalkörper: der feinstoffliche Energiekörper (Energiefeld), welcher die Gedanken beinhaltet.

New Age Seelen: Menschen mit wenigen Inkarnationen.

Schuldgefühle *l*öschen – *L*iebe *l*eben – Verfahrensweise© (Schuldgefühle-*lLl*-Praktik©): Diese besonders wichtige spirituelle Methode beruht hauptsächlich auf Affirmationen, welche der natürlichen Entwicklung entsprechend schrittweise an immer höhere Bewusstseinsschichten anknüpfen und dabei das horizontale Gegeneinander von Göttlich und irdisch vertikal miteinander verbinden.

Erst durch die Beseitigung der Schuldgefühle-Blockade und stattdessen Verbindung von Göttlich und irdisch im eigenen Bewusstsein werden wahre Eigenliebe und durch sich selber hindurch ausstrahlend wahre Nächstenliebe möglich. Die göttlich-irdische Verbindung im eigenen Bewusstsein durch die Schuldgefühle-lLl-Praktik© bedeutet das höhere Bewusstseinsniveau des neuen Zeitalters.

Spiritueller Körper: siehe Kausalkörper

Spiritueller Weg (männliche Spiritualität):

Die folgenden drei Stufen der göttlich-irdischen Verbindung beziehen sich auf den zweiten Abschnitt des vollständigen spirituellen Weges.

1.Vervollständigen und heilen des irdischen Bewusstseinsanteils; das heißt, insbesondere ist die innere Familie mit innerem Kind, innerer Frau und innerem Mann zu heilen und für eine gute Kooperation der inneren Familienmitglieder untereinander zu sorgen. Hilfreich dafür sind Spirituelle Psychotherapie(AL), die Schuldgefühle-lLl-Praktik© in der reduzierten therapeutischen Variante und spirituell-therapeutisches EMDR durch eine fachkundige Person.

2.Wechsel vom irdischen in den göttlichen Bewusstseinsanteil; das heißt, sich dauerhaft mit der Transzendenz zu identifizieren. Hilfreich sind die Schuldgefühle-lLl-Praktik© und Fließendes Eigen-EMDR.

3.Vom Göttlichen aus das Irdische durchdringen; das heißt, es geht um Manifestation und In-die-Kraft-kommen. Hilfreich sind die Schuldgefühle-lLl-Praktik©, Fließendes EMDR der Liebesheilung und Kraft-EMDR.

Spiritueller Weg (weibliche Spiritualität):
Während auf dem männlichen spirituellen Weg die eigenverantwortliche Vorgehensweise anhand von psychotherapeutischen und spirituellen Techniken im Vordergrund steht, ist für den weiblichen spirituellen Weg vor allem die Beziehung zu Am-Ziel-Erleuchteten© und mir wichtig.

Es ist möglich, den vollständigen spirituellen Weg auch ohne Techniken nur durch die Liebesausstrahlung und Resonanzschwingung von Am-Ziel-Erleuchteten© und mir geführt zu werden. Häufig ergibt sich eine Mischung aus weiblichem und männlichem spirituellen Weg.

Strukturebene: die irdische Bewusstseinsebene, welche aus mit Schuldgefühlen, Enttäuschungen, Ängsten und Bedürftigkeit belasteten zwischenmenschlichen Beziehungen besteht. Sie ergibt sich hauptsächlich aus den mit anderen verstrickten Emotionalkörper-Energien der inneren Frauen und kann als Schwere wahrgenommen werden.

Transzendenter Mensch: Dieser setzt sich aus dem physischen Körper, der inneren Familie als Psyche, den feinstofflichen Energiekörpern, einschließlich den Erfahrungen aus früheren Leben, und seinem göttlich-irdisch verbundenen göttlichen Bewusstseinsanteil zusammen. Eingebettet ist der transzendente Mensch in das universelle Ganze.

Transzendenz (das Ganze, Universum): Alles, was außerhalb der normalen Sinneswahrnehmung liegt, gilt zwar allgemein als transzendent, aber ich rechne die karmische Vergangenheit dem Irdischen zu. Unter Transzendenz verstehe ich das absolute Sein als universelle Einbettung und den göttlichen Bewusstseinsanteil des transzendenten Menschen.

Weibliche Spiritualität: der Mensch als Teil des göttlichen Ganzen. Die weibliche Spiritualität hat heutzutage vor allem die Aufgabe, das Irdische durch universelle Liebe zu heilen.

Anhang: Die innere Familie

Mit diesem Anhang gebe ich dir einen Überblick zum Verständnis der psychischen inneren Familie[17].

Was ist die psychische innere Familie?

Der transzendente Mensch ist eine Seele mit göttlichem Bewusstseinsanteil, feinstofflichen Energiekörpern, einschließlich der karmischen Vergangenheit, und göttlich-irdisch abgetrennten (gilt für Normalpersonen) oder verbundenen (gilt für Am-Ziel-Erleuchtete©) irdischem Bewusstseinsanteil als irdische Persönlichkeit. Die irdische Persönlichkeit wiederum ist durchlässig für das Göttliche. Dabei gestaltet das Göttliche über das Feinstoffliche die irdische Persönlichkeit.

Diese irdische Persönlichkeit setzt sich aus einer Psyche in Form der inneren Familie mit einem inneren Kind, einer inneren Frau und einem inneren Mann, karmischer Kompetenz sowie dem physischen Körper zusammen. Dabei ist die innere Familie energetisch, emotional, mental und als Bewusstseinsanteil im physischen Körper gespeichert.

Die beiden folgenden Grafiken stellen die innere Familie im größeren Zusammenhang des transzendenten Menschen dar. Dabei veranschaulichen beide inhaltlich denselben Sachverhalt, aber die obere Abbildung entspricht dem Empfinden der inneren Frau und die untere Abbildung dem Verständnis des inneren Mannes. Daher wird die obere eher Betrachter/innen mit einer dominanten inneren Frau und die untere eher Betrachter/innen mit einem dominanten inneren Mann ansprechen.

Abbildung-4: Der transzendente Mensch (Innere-Frau-Ansicht)

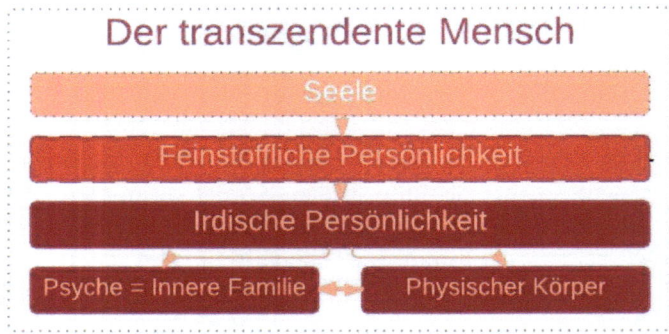

Abbildung-5: Der transzendente Mensch (Innere-Mann-Ansicht)

Die innerpsychische Gesundheit und Zugänglichkeit der einzelnen inneren Familienmitglieder sowie deren Kooperation untereinander bestimmen die individuelle Persönlichkeitsstruktur eines jeden Menschen. Aus dieser Persönlichkeitsstruktur heraus ergeben sich dann mit mehr oder weniger bemerktem Seeleneinfluss die persönlichen Wahrnehmungen, Beziehungs- und Lebensgestaltungen.

Das Grundmuster der Persönlichkeit ist als Lernaufgabe der Seele bei allen Menschen zunächst unvollständig und gleichzeitig in seiner Zusammensetzung relativ stabil. Daher zieht es sich solange durch alle Lebensbereiche hindurch, bis jeweils die einzelnen Mitglieder der inneren Familie geheilt werden und das Zusammenspiel der inneren Familienmitglieder untereinander verbessert wird.

Das relativ stabile Grundmuster der Persönlichkeit verändert sich somit nur, wenn sich das gesamte System der inneren Familie entwickelt. Dies ist durch Spirituelle Psychotherapie möglich, wenn sie gezielt bei den einzelnen Mitgliedern der inneren Familie und der inneren Familie als Ganzes ansetzt.

Die einzelnen Mitglieder der inneren Familie

Bereits C. G. Jung beschrieb das innere Kind, die innere Frau und den inneren Mann als Archetypen. Er bezeichnete diese drei als Kindarchetypus, Anima und Animus, leitete daraus aber nicht die menschliche Psyche konkret als eine innere Familie ab.[18]

Inzwischen ist das innere Kind therapeutisch als innerpsychischer Persönlichkeitsanteil allgemein bekannt. Allerdings wird dabei angenommen, dass es sich beim inneren Kind um eine vereinfachte, zum Teil populärwissenschaftliche Darstellung komplexer psychodynamischer Theorien handelt.[19] Tatsächlich ist es aber genau anders herum. Die menschliche Psyche ist ganz konkret eine innere Familie und in den psychoanalytischen und tiefenpsychologischen Therapien wurden die einzelnen

Mitglieder der inneren Familie schon teilweise erfahren, ohne aber die eigentliche Bedeutung im Gesamtzusammenhang zu erfassen.

Es haben sich inzwischen verschiedene Vorgehensweisen zur Inneren-Kind-Arbeit entwickelt, die eine therapeutische Ich-Spaltung in ein inneres Kind und in ein oder mehrere Erwachsenen-Ichs vornehmen. Diese Ich-Spaltung konkretisiere ich in meinem Grundlagenwerk „Spirituelle Psychotherapie: Die innere Familie" in eine innere Familie, die aus einem inneren Kind und zwei Erwachsenen-Ich-Anteilen, der inneren Frau und dem inneren Mann, besteht. Zusätzlich berücksichtige ich den Gesamtzusammenhang, dass die innere Familie im physischen Körper abgebildet und in die Transzendenz des Menschen eingebettet ist.

Das innere Kind als kindlicher Persönlichkeitsanteil

Die kindlichen, verspielten Impulse, die spontan gefühlt werden, kommen aus dem inneren Kind (oder einer kleinkindlichen Seele = New Age Seele). Das innere Kind ist der innerpsychische Persönlichkeitsanteil, welcher lebendig macht und unbeschwerte Existenz empfinden lässt. Das innere Kind beeinflusst maßgeblich die persönliche Lebensqualität, weil alle frühkindlichen Erfahrungen prägend im Menschen gespeichert bleiben. Erfahrungen von Gesehen-werden, Anerkennung und Liebe vermitteln lebenslang ein Gefühl von Geborgenheit, wohingegen sich frühkindliche Verletzungen auch später weiterhin durch die Erwachsenenpersönlichkeit hindurch zeigen. Beispielsweise kann ein ursprünglicher Mangel an Liebe später zu einem übergroßen Bedürfnis nach Zuwendung durch andere Menschen führen.

Das innere Kind kann auch bei besonders viel Schmerz und/oder traumatischen Erfahrungen mitsamt seinen furchtbaren Gefühlen verdrängt sein. Da es aber nicht möglich ist, nur die schlimmen Gefühle zu verdrängen, ist gleichzeitig auch der Zugang zu den schönen Gefühlen blockiert. Daher ist das ganzheitliche Ziel einer vollständigen Inneren-Kind-Therapie, gleichermaßen das innere Kind zu heilen und eine liebevolle Beziehung zwischen den inneren Eltern und dem inneren Kind zu entwickeln.

Inzwischen gibt es unterschiedliche therapeutische Ansätze der Inneren-Kind-Arbeit:

- Transaktionsanalyse nach Eric Berne
- Inneres Familien-System (IFS) nach Richard Schwartz
- Ego State-Therapie
- Psychodynamisch Imaginative Traumatherapie
- Katathym-Imaginative Psychotherapie
- Schematherapie
- Imaginatives Reprozessieren im Rahmen einer EMDR-Therapie
- Hakomi – erfahrungsorientierte Körperpsychotherapie

Der Schwerpunkt der Inneren-Kind-Arbeit liegt regelmäßig darauf, mit dem inneren Kind gut umzugehen.[20] Es wird also aus den erwachsenen Persönlichkeitsanteilen heraus gelernt, eine liebevolle Beziehung zum inneren Kind zu entwickeln.

Im Unterschied zur „Inneren-Kind-Arbeit" gehe ich von „Innerer-Kind-Heilung" aus. Die Seelen inkarnieren sich in einem konkreten Lernmodell der inneren Familie, sodass erst durch eine erneute ganzheitliche Erfahrung eine vollständige Innere-Kind-Heilung erreicht wird. Aus diesem Grund ist das innere Kind in vorübergehender Identifikation mit ihm nochmals wieder so real und konkret wie möglich zu erleben. Dadurch ist es dem inneren Kind möglich, erneut in seiner gesamten Existenz genauso prägend und tiefgehend wie ursprünglich in der Kindheit neue positive Erfahrungen zu machen und dadurch zu heilen. Im wahrsten Sinne des Wortes geht es um „Heilung", also darum, wieder ganz zu werden, um von angenehmen und schönen Gefühlen erfüllt zu sein.

Die ganzheitliche Innere-Kind-Heilung führt daher in die Regression. Deshalb ist eine ausreichende Ich-Stabilität Voraussetzung. In einer therapeutischen Inneren-Kind-Regression identifiziert sich dann eine Person vorübergehend so vollständig mit dem inneren Kind, dass sie aus diesem heraus wahrnimmt und empfindet. Sie wird innerlich regelrecht zu dem inneren Kind. Dabei bezieht eine vollständige Regression gleichermaßen die Gefühlsmuster, den Körper und die Gedankenstrukturen ein, sodass die Person in allen Strukturbereichen der irdischen Persönlichkeit neue positive Erfahrungen macht. Endlich bekommt das innere Kind all die Liebe, nach der es sich gesehnt hat und die es so dringend braucht.

Bei der Inneren-Kind-Heilung sind sowohl die eigenständige Verarbeitung von Gefühlen als auch eine positive Therapeuten/innen-Beziehung gleichermaßen wichtig. Als Vorbild für die inneren Eltern und als ganzheitliche Erfahrung für das innere Kind nimmt die Therapeutin oder der Therapeut vorübergehend die

Elternrolle ein. Dabei geht sie oder er insbesondere auch in Eltern-Kind-Körperkontakt[21].

Gleichzeitig zur regressiven Inneren-Kind-Heilung lernen die inneren Eltern anhand ihrer konkreten Alltagssituationen, ihr inneres Kind zu lieben und mit ihm wie mit einem realen Kind liebevoll umzugehen. Weitere therapeutische Methoden wie der projektive Umgang mit Puppen, therapeutisch ausgewählte Märchen und Rituale sowie EMDR können hinzukommen.

Es ist möglich, auch ein sehr verletztes inneres Kind vollständig zu heilen und tiefe Geborgenheit im reinen Dasein zu empfinden.

Die innere Frau und der innere Mann als erwachsene Persönlichkeitsanteile

Inzwischen wird in der Psychotherapie vom inneren Kind als Persönlichkeitsanteil ausgegangen, während die dazugehörigen Erwachsenenpersönlichkeitsanteile innere Frau und innerer Mann noch nicht bekannt sind.

Das dürfte vor allem daran liegen, dass es schwieriger ist, diese beiden Persönlichkeitsanteile bewusst wahrzunehmen, weil sich die Menschen regelmäßig mit ihrer individuellen Kombination aus diesen beiden Persönlichkeitsanteilen identifizieren. Daher fehlt der nötige Abstand zum Erkennen des Vorhandenen ebenso wie die Erfahrung mit dem Nicht-zur-Verfügung-Stehenden. Insofern gibt es bislang lediglich verschiedene therapeutische Theorien, die unterschiedlichste Erwachsenen-Ich-Anteile differenzieren, ohne aber die innere Familie als solche dahinter erkannt zu haben.

Ich gebe dagegen in meinem Grundlagenwerk „Spirituelle Psychotherapie: Die innere Familie" einen vollständigen

Überblick über die innere Familie als Psyche des transzendenten Menschen, weil ich mich als am-Ziel-erleuchtete© Spirituelle Meisterin mit diesen Persönlichkeitsanteilen nicht mehr identifiziere. Aus diesem inneren Abstand heraus sehe ich, dass sich das Grundmuster der menschlichen Psyche auf eine innere Familie mit den Erwachsenenpersönlichkeitsanteilen innere Frau und innerer Mann zurückführen lässt.

Die Psyche als eine innere Familie und Teil des transzendenten Menschen ist einschließlich Karmischem und Körper der gesamte irdische Bewusstseinsanteil, von dem die verschiedenen Psychotherapien jeweils einzelne Ausschnitte therapieren. Deswegen gibt die innere Familie als Teil des transzendenten Menschen das Grundverständnis für die Spirituelle Psychotherapie vor.

Dabei sind die innere Frau und der innere Mann Gegenpole, die sich ohne Hintergrundwissen zur inneren Familie nicht gegenseitig nachvollziehen können, sich aber hervorragend ausgleichend ergänzen und vervollständigen. Die innere Frau, der innere Mann und das innere Kind sind jeweils mit einem Drittel von gleich großer Bedeutung für das menschliche Wohlbefinden.

Die innere Frau – das Weibliche

Die innere Frau ist der innerpsychische Persönlichkeitsanteil, der Lebensfreude schenkt sowie für Beziehungen und Gefühle zuständig ist. Sie ist der Mittelpunkt der inneren Familie. Ist die innere Frau gesund, unterhält sie liebevolle Beziehungen zum inneren Kind und zum inneren Mann ebenso wie zur Transzendenz. Die innere Frau sorgt für den

Zusammenhalt der inneren Familie und wirkt in der Psyche ausgleichend.

Nicht nur nach innen, sondern auch nach außen ist es die Aufgabe der inneren Frau, Kontakte positiv zu gestalten. Wenn Beziehungen nicht funktionieren, leidet sie sehr darunter. So reagiert sie sehr enttäuscht, traurig und ängstlich, wenn ihre Bedürfnisse nach liebevollen und harmonischen Beziehungen nicht erfüllt werden. Ist die innere Frau innerpsychisch unzureichend zugänglich oder sehr verletzt, kommt es zu massiven Störungen in allen sozialen und emotionalen Bereichen.

Haben Menschen in ihrer Psyche eine Innere-Frau-Dominanz, können sie bei entsprechenden Verletzungen eine Depression oder Angststörung entwickeln. In der Kommunikationspsychologie nach F. Schulz von Thun hören sie mit dem Beziehungs- und Selbstoffenbarungs-Ohr. Sie neigen auch besonders häufig zu Schuldgefühlen.

Gleichzeitig sind diese Menschen besonders gut zugänglich durch Psychotherapien. Therapeutisch ist die innere Frau insbesondere über die Gefühle anzusprechen. Die Heilung der inneren Frau lohnt sich für glückliche Beziehungen. Eine gesunde innere Frau fühlt sich liebevoll mit anderen verbunden.

Der innere Mann – das Männliche

Der innere Mann ist der innerpsychische Persönlichkeitsanteil, der glücklich macht sowie für Zielstrebigkeit und Abgrenzung zuständig ist. Ein Mensch bekommt durch den inneren Mann Erkenntnis, Klarheit und versteht Zusammenhänge. Der innere Mann hat den Überblick, denkt logisch, ist strategisch und bodenständig. Er ist besonders wichtig im beruflichen Bereich, denn männliches Selbstbewusstsein und positive Selbstdarstellung sind in vielen Berufen entscheidend für den Erfolg.

Wenn der innere Mann in der Psyche eines Menschen unterentwickelt ist, sucht diese Person bei anderen Menschen nach den Inneren-Mann-Qualitäten, wie beispielsweise Orientierung, Stabilität, Schutz und Sicherheit. Hat jemand kaum eigenem Innerem-Mann-Anteil, kann sie/er regelrecht abhängig von einer äußeren Partnerin oder einem äußeren Partner mit hohem Inneren-Mann-Anteil werden.

Enthält die Psyche von Menschen eine Innere-Mann-Dominanz, können diese bei entsprechenden Verletzungen eine Manie oder Zwangsstörung entwickeln. In der Kommunikationspsychologie nach F. Schulz von Thun hören sie mit dem Sach- und Appell-Ohr. Sie neigen besonders häufig dazu, das Gefühl von Hilflosigkeit nicht ertragen zu können.

Menschen mit einer Inneren-Mann-Dominanz sind nicht besonders gut zugänglich durch Psychotherapien. Daher werden sie eher begleitet eigenverantwortlich in ihrer Entwicklung erfolgreich sein. Ansprechbar sind sie therapeutisch vor allem über Körpererfahrungen und den Verstand. Aus der Am-Ziel-Erleuchtung© heraus werden Innere-Mann-Persönlichkeiten jedoch genau umgekehrt über die Gefühle der/des Am-Ziel-Erleuchteten© angezogen und durch ihre/seine Liebesausstrahlung geheilt. Geheilt kommt der innere Mann in seine Kraft.

Bedeutung der inneren Familie

- Erstens sind von der inneren Familie als Psyche mit innerem Kind, innerer Frau und innerem Mann ausnahmslos alle Menschen betroffen. Deswegen führt das Wissen über die innere Familie zu besseren zwischenmenschlichen Beziehungen, insbesondere als Partnerschaften, gegenüber Kindern und am Arbeitsplatz.

- Zweitens ist die innere Familie für die Spirituelle Psychotherapie von grundlegender Bedeutung. Sie ermöglicht eine auf die individuelle Persönlichkeitsstruktur abgestimmte Auswahl der am besten geeigneten therapeutischen Vorgehensweise. Die Zugänglichkeit und Gesundheit der inneren Familienmitglieder sowie ihre Kooperation untereinander macht Menschen für bestimmte psychische Störungen anfällig und gleichzeitig für bestimmte Therapieformen besonders gut zugänglich. Dementsprechend führt es zu besseren Ergebnissen, wenn die zielgenaueste Form der Therapie angewendet wird.

Durch die Heilung der einzelnen inneren Familienmitglieder kommt es zu zunehmender psychischer Gesundheit und erweiterten Kompetenzen. Wenn außerdem das Zusammenspiel der einzelnen inneren Familienmitglieder untereinander verbessert wird, führt dies zu mehr Ausgeglichenheit und Stabilität.

Insbesondere profitieren alle Paar- und Familientherapien von dem Wissen über die Persönlichkeitsstrukturen als innere Familien, weil so realistische Erwartungshaltungen an den oder die anderen ebenso wie an sich selber entstehen. Auch können die unterschiedlichen Kommunikationsstile von Inneren-Frau- und Inneren-Mann-Persönlichkeiten besser berücksichtigt werden.

- Drittens bestimmt die individuelle Persönlichkeitsstruktur als innere Familie in Verbindung mit dem Seelenalter die spirituelle Ausgangssituation, die Entwicklungsaufgaben und den spirituellen Weg.

Danksagungen

Ganz besonders herzlich danken möchte ich meiner Korrekturleserin Heike Mumme für ihre Durchsicht dieses Leitfadens und ihre vielen konstruktiven Anmerkungen. Ebenso herzlich danke ich meinem ehemaligen Lebenspartner Sören Lilienthal für sein Ausprobieren der Übungen, um das Verständnis meines Textes zu überprüfen. Nicht zuletzt möchte ich auch noch ausdrücklich Katja M. und meinem Schüler danken, die mir ihre Erfahrungen für die zwei Fallgeschichten zur Verfügung gestellt haben.

Mein Schüler hat seine Erfahrungen als Tagebuch selber aufgeschrieben. Vielen Dank an ihn für diesen sehr interessanten und tiefen Einblick in seine Psyche. Da seine vollständigen Erfahrungen den Rahmen dieses Leitfadens allerdings gesprengt hätten, habe ich nur die immer noch umfangreichen Ausschnitte gewählt, die sich auf den spirituellen Gesamtprozess und vor allem auf Spirituelles EMDR beziehen.

Berlin, im Juni 2024
Ayleen Lyschamaya

Quellenangaben

[1] Vgl. Wikipedia, http:/ / de.wikipedia.org, zu EMDR.

[2] *EMDR wirkt ebenso gut wie Verhaltenstherapie bei Depressionen*, aertzteblatt .de, 24.9.2018, Quellen: Front. Psychol., 14.8.2018 (https:/ /doi.org/10.3389/fpsyg.2018.01384) und Front. Psychol., 13.2.2018 (https:/ /doi.org/10.3389/fpsyg.2018.00074).

[3] Eine gute Übersicht über die Studien gibt T.Hensel (Hrsg.), *EMDR mit Kindern und Jugendlichen*, Göttingen 2007, S. 15-22.

[4] Wissenschaftlicher Beirat Psychotherapie nach § 11 PsychThG: Gutachten zur wissenschaftlichen Anerkennung der EMDR-Methode (Eye-Movement-Desensitization and Reprocessing) zur Behandlung von Anpassungs- und Belastungsstörungen sowie zur Behandlung der Posttraumatischen Belastungsstörung (PTBS) bei Kindern und Jugendlichen, in: Dtsch Arztebl 2015; 112(15): A-694 / B-590 / C-570. – Seit dem 5.6.2023 erneute Überprüfung.

[5] *EMDR für Babys, Elternschule für dein Baby im 1.Lebensjahr* von Ayleen Lyschamaya, Neuauflage 2019.
   https://www.am-ziel-erleuchtung.de/emdr-fuer-babys-original/

[6] *Die Augen müssen nicht wandern - EMDR-Traumatherapie funktioniert auch mit festem Fokus*, Pressestelle der DGPM, 30.3.2017, mit Quellennachweis: M. Sack et al.: A Comparison of Dual Attention, Eye Movements, and Exposure Only during Eye Movement Desensitization and Reprocessing for Posttraumatic Stress Disorder: Results from a Randomized Clinical Trial Psychother Psychosom 2016;85:357-365 DOI: 10.1159/000447671.

[7] *Schuldgefühle vollständig auflösen, Leitfaden für meine fortgeschrittenen Schüler/innen* von Ayleen Lyschamaya, Neuauflage 2019.

[8] Wissenschaftlicher Beirat Psychotherapie nach § 11 PsychThG - Gutachten zur wissenschaftlichen Anerkennung der EMDR-Methode (Eye-Movement-Desensitization and Reprocessing) zur Behandlung der Posttraumatischen Belastungsstörung, in: Dtsch Arztebl 2006; 103(37): A-2417 / B-2098 / C-2022.

[9] CD: *UpLevel, EMDR – Inspired, Stable bilateral soundspace* von Robert A. Yourell´s, Sounds for Inner Space series.

[10] *Der vollständige spirituelle Weg, Ayleen Lyschamaya zur Am-Ziel-Erleuchtung* von Ayleen Lyschamaya, Neuauflage 2019.

[11] Die *EMDR Sounds 1, 2 und 3* von Sascha Herwig können in meinem Online-Shop heruntergeladen werden:
https://new-age-enlightenment.com/shop/

[12] *Heilung der Welt durch Bewusstseinsentwicklung für Indien; neues Zeitalter: Umwandlung des Buddhismus und Hinduismus* von Ayleen Lyschamaya, Neuauflage 2019.
https://www.am-ziel-erleuchtung.de/indien/

[13] *Spirituelle Psychotherapie: Die innere Familie, Leitfaden für ganzheitliche Therapeuten/innen* von Ayleen Lyschamaya, Neuauflage 2019.

[14] CD: *Songs for the Inner Child* von Shaina Noll.

[15] CD in: *Mit Kindern Gefühle entdecken* von G. Friedrich, R. Friedrich und Viola de Galgóczy, Weinheim und Basel 2008.

[16] *Die Integrative Sehtherapie* von R-M Kaplan, 3.Auflage Freiamt 2009, Seiten 75ff.

[17] Die innere Familie, die ich begründet habe, ist inhaltlich unabhängig vom Inneren Familien-System nach Richard Schwartz. Während er die systemische Sichtweise der Familientherapie auf die Innenwelt des Individuums anwendet, sehe ich die menschliche Psyche ganz konkret als eine innere Familie an. Siehe dazu mein Grundlagenwerk *Spirituelle Psychotherapie: Die innere Familie*.

[18] Beispielsweise C. G. Jung *Zur Psychologie des Kindarchetypus*, in: Gesammelte Werke 9/1 sowie *Syzygie: Anima und Animus* in: Gesammelte Werke 9/2.

[19] Wikipedia zu „Inneres Kind", Stand 20.4.2016.

[20] Beispielsweise *Aussöhnung mit dem inneren Kind* von E. Chopich / M. Paul.

[21] Ich habe diese Vorgehensweise zur Heilung des inneren Kindes aufgrund positiver Eigenerfahrung mit anderen Therapeuten/innen in mein ganzheitliches Konzept übernommen.

Ayleen Lyschamaya

Ayleen Lyschamaya, Dr. rer. pol.
Ayleen Birgit Scheffler-Hadenfeldt,
geb. 1966 in Hamburg, ist
Diplomkauffrau und promovierte im
internationalen Steuerrecht.

Von 2009 bis 2019 hatte sie eine
eigene Praxis als Heilpraktikerin für
Psychotherapie in Berlin und verbreitete von dort aus als
Spirituelle Meisterin gemeinsam mit ihren Schülerinnen und
Schülern weltweit die Am-Ziel-Erleuchtung©.

Sie ist die Begründerin der inneren Familie als Psyche des
transzendenten Menschen und leitete daraus ein Konzept für
die Spirituelle Psychotherapie ab, welches erstmals
Psychotherapie und Spiritualität stimmig miteinander
verbindet.

Mit der Schuldgefühle-lLl-Praktik© und Spirituellem
EMDR begleitet sie Menschen auf das höhere
Bewusstseinsniveau des neuen Zeitalters. Für die Heilung der
inneren Frau bietet Ayleen Lyschamaya außerdem Online-
Kurse Bauchtanzlernen als Bewegungsmeditation an.
https://www.am-ziel-erleuchtung.de/bewegungsmeditation/

Ihr Name steht für ihre Lehre:
https://www.am-ziel-erleuchtung.de/ayleen-lyschamaya/

EMDR für Babys, Elternschule für dein Baby im 1.Lebensjahr von Ayleen Lyschamaya, 84 Seiten, BoD-Verlag, Neuauflage 2019, ISBN-13: 9783741207143, Taschenbuch: 10,90 €, E-Book: 8,49 €.

Amazon: https://amzn.to/2N4ADz2
BoD-Shop:
https://www.bod.de/buchshop/emdr-fuer-babys-ayleen-lyschamaya-9783741207143

Mit „EMDR für Babys" die gesunde Entwicklung fördern, das Geburtstrauma verarbeiten, Schreibabys beruhigen, gestörtes Bonding heilen, ADHS und ADS vorbeugen, die Wahrnehmung schulen.

EMDR für Babys ist natürlich, einfach durchzuführen und effektiv. Schritt für Schritt erfährst du, wie du Probleme im 1.Lebensjahr lösen und die Entwicklung deines Babys optimal fördern kannst – für eine gemeinsame glückliche Zukunft.

Die Original-EMDR-Technik von Francine Shapiro wurde von Ayleen Lyschamaya zur Elternschule *EMDR für Babys* weiterentwickelt.

Mit YouTube-Video zur Veranschaulichung der weiterentwickelten EMDR-Technik.
https://www.am-ziel-erleuchtung.de/emdr-fuer-babys-original/

Das Ende der herkömmlichen Märchen:
https://www.am-ziel-erleuchtung.de/ende-maerchen/

Welche Botschaften vermitteln die grimmschen Märchen?
https://www.am-ziel-erleuchtung.de/grimm-maerchenbotschaften/

Die neuen Märchen für das höhere Bewusstsein:
https://www.am-ziel-erleuchtung.de/maerchen/

Die E-Books der Einzelmärchen sind bei Amazon und in meinem internationalen, daher englischsprachigen, Online-Shop downloadbar:
https://new-age-enlightenment.com/shop/

Teamfähigkeit entwickeln

Harmonischer Kindergeburtstag: Kindergeburtstage ohne Verlierer, Gemeinschaftsfördernde Gruppenspiele von Ayleen Lyschamaya, 76 Seiten, BoD-Verlag, Neuauflage 2019, ISBN-13: 9783744850421, Taschenbuch: 10,90 €, E-Book: 8,49 €.

9 783744 850421

Amazon: https://amzn.to/2LiljNj
BoD-Shop: https://www.bod.de/buchshop/harmonischer-kindergeburtstag-kindergeburtstage-ohne-verlierer-ayleen-lyschamaya-9783744850421

Empfohlen von der Württembergischen Sportjugend in der Fachzeitschrift *Sport in BW* (2/2010) und im Fachmagazin für Jugendleiter und Mitarbeiter in der Jugendarbeit *youth and me* (1/2008).

An Kindergeburtstagen sind Wettkampfspiele weit verbreitet, oftmals ohne dass Eltern wissen, welche Wirkung diese Spiele auf ihre Kinder haben. Der Ratgeber *Harmonischer Kindergeburtstag: Kindergeburtstag ohne Verlierer* stellt dagegen die Alternative der Gemeinschaftsfördernden Spiele vor. Während traditionelle Wettkampfspiele eine Atmosphäre von gegeneinander unter den Kindern hervorrufen, verstärken Gemeinschaftsfördernde Spiele das Miteinander. Die geschickte Auswahl der Geburtstagsspiele kann daher die Geburtstagsstimmung der Kinder gezielt beeinflussen.

https://www.am-ziel-erleuchtung.de/teamfaehigkeit/

Strukturiert Englisch lernen 1.-4. Klasse: Fit für die Schule in den Sommerferien von Ayleen Lyschamaya, 68 Seiten, BoD-Verlag, Neuauflage 2019, ISBN-13: 9783732295111, Taschenbuch: 8,90 €, E-Book: 6,99 €

9 783732 295111

Amazon: https://amzn.to/2Frb7NQ

BOD- Shop: https://www.bod.de/buchshop/strukturiert-englisch-lernen-1-4-klasse-ayleen-lyschamaya-9783732295111

Der Elternratgeber *Strukturiert Englisch lernen 1.-4. Klasse, Fit für die Schule in den Sommerferien* zeigt dir:
- Wie du deinem Kind helfen kannst, wenn es mit spielerisch Englisch lernen nicht zurechtkommt.
- Wie dein Kind strukturiert Englisch lernt, wenn ihm unbewusstes nebenbei Englisch lernen nicht liegt.
- Wie du dein Kind in den Sommerferien schnellstmöglich fit für das nächste Schuljahr machst.
- Wie du dein Kind begleitend zum Unterricht unterstützen kannst.
Mit Lernanleitung, Motivationsvorschlägen, Lernkontrollen und Aussprachehilfe (YouTube-Video).

https://www.am-ziel-erleuchtung.de/buecher/

Spirituelle Psychotherapie: Die innere Familie, Leitfaden für ganzheitliche Therapeuten/innen von Ayleen Lyschamaya, 332 Seiten, BoD-Verlag, Neuauflage 2022, ISBN-13: 9783750423275, Taschenbuch 24,99 €.

Amazon-Taschenbuch: https://amzn.to/36XTHne

BoD-Shop-Taschenbuch:
https://www.bod.de/buchshop/spirituelle-psychotherapie-die-innere-familie-ayleen-lyschamaya-9783750423275

Das E-Book ist ab der Neuauflage 2022 nur noch in meinem Online-Shop erhältlich:
https://new-age-enlightenment.com/product/innere-familie/

Ayleen Lyschamaya ist mit diesem Leitfaden die Begründerin für das Konzept der inneren Familie als menschliche Psyche und gibt der Spirituellen Psychotherapie eine integrierte Basis.

Das Grundlagenwerk zur inneren Familie:

Das innere Kind macht nur einen Drittel der menschlichen Psyche aus, hinzu kommen die innere Frau und der innere Mann.

Auch Nicht-Therapeuten/innen werden sich selber und andere Menschen mit diesem Hintergrundwissen besser verstehen. So erläutert ein ganzes Kapitel speziell die typischen Verstrickungen in Beziehungen. Kennt man die persönlichkeitsspezifischen Grundmuster, lassen sich Partnerschaften und auch alle anderen Arten von Beziehungen positiver gestalten.

Das Standardwerk zur Spirituellen Psychotherapie:

Erstmals werden die einzelnen westlichen Psychotherapien und verschiedenen spirituellen Ansätze so zu einem Gesamtkonzept zusammengefasst, dass sich dieses Wissen in jeder Art von Psychotherapie sofort praktisch umsetzen lässt.

Methodenübergreifend wird das Basiswissen zum transzendenten Menschen mit seiner inneren Familie vermittelt und dabei auch auf seine ganzheitliche Entwicklung eingegangen. Psychotherapie und Spiritualität werden damit erstmals nicht vermischt, sondern zu einem vollständig neuen Gesamtkonzept integriert.

Mit erläuterndem YouTube-Video.

Reihe: *Ayleen Lyschamaya – neues Bewusstsein*, Band 3:
Schuldgefühle löschen–Liebe leben–Verfahrensweise©
(Schuldgefühle-lLl-Praktik©)

Schuldgefühle vollständig auflösen, Leitfaden für meine fortgeschrittenen Schüler/innen von Ayleen Lyschamaya, 180 Seiten, BoD-Verlag, Neuauflage 2019, ISBN-13: 9783748100539, Taschenbuch 16,99 €, E-Book 12,99 €.

9 783748 100539

Amazon: https://amzn.to/2oqc43G
BoD: https://www.bod.de/buchshop/spirituelles-emdr-ayleen-lyschamaya-9783748171287

Spirituelle Lehre auf höchstem Niveau: Erstmals verrät Ayleen Lyschamaya das gesamte universelle Wissen über Schuldgefühle – wozu sie nützlich sind, welche grundlos sind, wie sie Beziehungen belasten, warum sie die spirituelle Entwicklung blockieren und wie sie aufzulösen sind. Dazu konzipierte Ayleen Lyschamaya die Schuldgefühle-lLl-Praktik©.

Schon diese Zusammenhänge zu kennen, kann ungeheuer befreien. Zugleich ist es der Weg in die Eigenliebe.

Mit YouTube-Video.

Reihe: *Ayleen Lyschamaya – neues Bewusstsein*, Band 4:
Das Grundlagenwerk zur neuen Spiritualität

Der vollständige spirituelle Weg, Ayleen Lyschamaya zur Am-Ziel-Erleuchtung von Ayleen Lyschamaya, 624 Seiten, BoD-Verlag, Neuauflage 2020, ISBN-13: 9783751922074, Taschenbuch 32,99 €, Kindle: 25,99 €.

9 783751 922074

Amazon: https://amzn.to/3pILL3Z

Bod-Shop: https://www.bod.de/buchshop/der-vollstaendige-spirituelle-weg-ayleen-lyschamaya-9783751922074

Das neue Zeitalter hat begonnen. Ayleen Lyschamaya erklärt die Spiritualität des vollständigen Bewusstseins. Im Kernpunkt steht dabei die verbindende Mitte. Die Botschaft der Am-Ziel-Erleuchtung© lautet: Nehmt die universelle Liebe an.

Ein Fluss aus Gold

Das Vaterunser für Mystiker: Ein Fluss aus Gold von Ayleen Lyschamaya, 68 Seiten, BoD-Verlag, farbige Gouache-Bilder, Neuauflage 2019, ISBN-13: 9783744894753, Gebundene Ausgabe: 22,90 €, E-Book: 9,99 €.

Mit dem *Vaterunser für Mystiker* hast du die Möglichkeit, dem zentralen Gebet von Jesus ganz neu zu begegnen. Die vielfältige aramäische Muttersprache von Jesus wird nicht auf eine wörtliche Übersetzung ins Deutsche reduziert.

Das Vaterunser wird in seiner Einheit als Anleitung für die spirituelle Entwicklung jedes einzelnen Menschen verstanden und durch viele farbige Bilder jeweils in mehreren Varianten interpretiert. Dabei sollen die subtileren Schwingungen in den Bildern und Texten immer auch Eigenes bei der/dem Betrachter/in anregen und sind offen für deren/dessen ganz persönliche Gefühle und Gedanken.

Das *Vaterunser für Mystiker* ist ein spirituelles Kunstwerk, das in die Tiefe weist, mehr ausdrückt als Worte sagen können und mehr ist als „nur" Kunst. Es ist ein spirituelles Kunstwerk, das sich dem Unbeschreiblichen zu nähern versucht und in uns die Verbindung zum göttlichen Urgrund beleben möchte. Es ist ein spirituelles Kunstwerk, das Sinnsuchende und Kunstliebhaber/innen gleichermaßen anspricht.

Spirituelles Sterben: Missbrauch heilen von Lina Leben, 316 Seiten, Maße: 17 cm x 22 cm, 63 farbige Bilder, Verlag: Books on Demand; 2.Auflage 2014, ISBN-13: 978-3833453366, Taschenbuch: 38,- €, Kindle 27,99 €.

Empfehlung: Wenn dir die Fallgeschichte 2 aus Kapitel III gefallen hat, kann ich dir auch den Erfahrungsbericht *Spirituelles Sterben* empfehlen. Darin beschreibt Lina Leben sehr tiefgehend ihren Weg in die Transzendenz. Während mein Schüler den Herzensweg gegangen ist, ging Lina Leben den Erkenntnisweg, auf dem sie sich ständig mit ihren blockierenden verletzten Gefühlen auseinandersetzen musste.

Klappentext: Begleiten Sie Lina Leben bei ihrer ganz persönlichen und zugleich so allgemein menschlichen Bewusstseinsentwicklung des Spirituellen Sterbens. Sterben muss ihre gesamte bisherige Persönlichkeitsstruktur mit all ihren ursprünglichen Vorstellungen, Ideen, Konzepten und Gefühlsmustern. Es geht um die Auflösung des menschlichen Egos im göttlichen Selbst.

Dieses Buch gewährt Ihnen über Erlebnisberichte, intuitive Bilder, Erinnerungen und Gedichte einen tiefen Einblick in die Persönlichkeit und psychisch-spirituelle Entwicklung der Autorin. Ergänzend zu diesen persönlichen Erfahrungen wird ein theoretischer Hintergrund angeboten, der sich auch zur intellektuellen Auseinandersetzung mit den Grundfragen des Lebens eignet.

Im Rahmen ihrer Bewusstseinsentwicklung heilt Lina Leben ihren persönlich erlebten schlimmen sexuellen Missbrauch aus der Kindheit. Dadurch sind psychisch-emotionale Verarbeitung und spirituelle Entwicklung auf besondere Art und Weise miteinander verbunden. Es ist ein Buch, das betroffen macht und doch zugleich auch eine wirkliche Lösung anbietet.

Reihe: *Ayleen Lyschamaya – neues Bewusstsein*, Band 5:

Spiritueller Hausboot-Urlaub in Holland: Mit einer Pénichette von Locaboat durch die Niederlande von Ayleen Lyschamaya, 96 Seiten, farbige Fotos, BoD-Verlag, Neuauflage 2019, ISBN-13: 9783743114593, Taschenbuch 17,99 €, E-Book: 13,99 €.

9 783743 114593

Amazon: https://amzn.to/2ZG3NpC
BoD-Shop: https://www.bod.de/buchshop/spiritueller-hausboot-urlaub-in-holland-ayleen-lyschamaya-9783743114593

Dieser Hausboot-Urlaub von Ayleen Lyschamaya lädt dich dazu ein, ihre Weltsicht mitzuerleben.

Die Hausboot-Erfahrungen von Ayleen zusammen mit ihrem Freund Sören beziehen sich auf den zweiten Abschnitt des vollständigen spirituellen Weges. Durch Ayleens Erfahrungsbericht mit ihrem Freund wird die göttlich-irdische Verbindung gelebte Realität.

Kleine, bunte Fotos geben einen anschaulichen Eindruck von ihrem gemeinsamen Hausboot-Urlaub.

Reihe: *Ayleen Lyschamaya – Neues Bewusstsein*, Band 6:
Umwandlung des Buddhismus und Hinduismus

Heilung der Welt durch Bewusstseinsentwicklung für Indien von Ayleen Lyschamaya, 276 Seiten, farbige Fotos, BoD-Verlag, Neuauflage 2019, ISBN-13: 9783744848381, Taschenbuch: 32,99 €, E-Bock: 25,99 €.

Amazon:
https://amzn.to/2XlFFHh

BoD-Shop: https://www.bod.de/buchshop/heilung-der-welt-durch-bewusstseinsentwicklung-fuer-indien-ayleen-lyschamaya-9783744848381

Die Menschheit befindet sich mitten in einem evolutionären Bewusstseinssprung. Das erwartete neue Zeitalter hat mit der Am-Ziel-Erleuchtung© Weihnachten 2016 in Berlin begonnen und verbreitet sich von dort aus weltweit.

Bislang galt Indien als weltweite spirituelle Führung, lehrte jedoch die Spiritualität des alten Zeitalters. Ayleen

Lyschamaya ersetzt diese veraltete indische Spiritualität nunmehr durch die Weltanschauung des höheren Bewusstseinsniveaus des neuen Zeitalters. In 2018 reiste sie nach Indien, um die Welt zu heilen sowie den Buddhismus und Hinduismus umzuwandeln.

Ayleen Lyschamayas Botschaft lautet: Heilt eure innere Frau für den göttlichen Liebesfluss in euer Ego als innere Familie. Nehmt die universelle Liebe an, die immer schon da ist. Die alten Bewusstseinsinhalte werden geheilt und in das Neue integriert, denn alles Irdische ist Ausdruck des Göttlichen.

https://www.am-ziel-erleuchtung.de/indien/

Stichwortverzeichnis